Odo Marquard

Endlichkeitsphilosophisches

Odo Marquard

Endlichkeitsphilosophisches

Über das Altern

Herausgegeben und mit einer Einleitung
von Franz Josef Wetz

RECLAM

Aktualisierte Ausgabe 2021

Siemensstraße 32, 71254 Ditzingen
Umschlaggestaltung: Anja Grimm Gestaltung
Umschlagabbildung: capture and compose/shutterstock
Druck und buchbinderische Verarbeitung: GGP Media GmbH,
Karl-Marx-Straße 24, 07381 Pößneck
Printed in Germany 2023
RECLAM ist eine eingetragene Marke
der Philipp Reclam jun. GmbH & Co. KG, Stuttgart
ISBN 978-3-15-011368-4

Auch als E-Book erhältlich

www.reclam.de

MIX
Papier aus verantwortungsvollen Quellen
FSC® C014496

Inhalt

Einleitung
Das gute Überleben als bürgerliche Stärke

von Franz Josef Wetz

Odo Marquard ist wohl einer der originellsten Philosophen der Nachkriegszeit, der mit seiner »Philosophie der Endlichkeit« jede überzogene Kritik an der Moderne in ihre Schranken verweist, ohne deshalb aber auf vernünftigen Widerstand gegen Unvernunft zu verzichten. Seine ebenso genaue wie eigenwillige Sprache hat ihn über philosophische Fachkreise hinaus einem breiteren Publikum bekannt gemacht. Einige seiner Bonmots, Pointen, Kalauer und Wortspiele haben sogar in der politischen Öffentlichkeit sowie in den Medien fast schon den Rang geflügelter Worte erlangt, ohne dass dabei jedem immer der Urheber geläufig wäre. Doch sosehr Marquard seiner besonderen stilistischen Qualitäten wegen als Stichwortgeber in der gebildeten Welt geschätzt wird, in erster Linie ist er ein Philosoph, der komplexe Zusammenhänge analysiert und verborgene Hintergründe aufdeckt – ein ernster Philosoph mit heiterem Esprit, ein wertkonservativer Denker mit liberaler Toleranz, eine streitbare Autorität mit ausgleichendem Wesen, schlicht: ein gelehrter Kopf.

Antworten sind die höflichste Form der Ratlosigkeit

In seiner Doktorarbeit *Skeptische Methode mit Blick auf Kant* (1958) betont Marquard bereits, dass nicht das Wunder der Welt, sondern die Wunden des Lebens den Ursprung der Metaphysik bilden. Deren Aufgabe sei weniger die Auffindung wahrer Erkenntnisse als vielmehr die Hervorbringung lindernder Kompensationen. Allerdings war diese Funktionsbeschreibung dem jungen Marquard noch zu wenig: Metaphysik sei ein schlechter Ersatz, nur ein Surrogat; bei ihrem Bemühen, höchste und letzte Fragen zu beantworten, verfehle sie die Wirklichkeit.

Später folgen moderatere Töne. Schon bald hält er es für menschlich, ja für normal, dass Metaphysik es mit Problemen zu tun hat, mit denen sie nicht fertig wird. Fortan heißt es nicht mehr, dass sie die Wirklichkeit ersetzt, sondern vielmehr, dass sie die Wirklichkeit versetzt: Sie bringt diese auf Distanz, indem sie Abstand zu Leben und Welt schafft, ohne den der Mensch hoffnungslos mit dem Leben überfordert wäre. Dabei löst Metaphysik zwar keine Probleme, aber sie behandelt sie, was angesichts der Schwere ihrer Aufgabe schon viel ist. Das Lebens- und Welträtsel hat keine Lösung, sondern bloß eine Geschichte!

In seiner erst in den 1980er Jahren publizierten Habilitationsschrift von 1962 deckt Marquard nicht bloß die Ursprünge der Psychoanalyse in der Philosophie des Deutschen Idealismus und der Romantik auf. Er sieht in der Konjunktur der Psychologie und Anthropologie zu Beginn des 20. Jahrhunderts auch schon eine Antwort auf die Vorherrschaft der modernen Geschichtsphilosophie und Naturwissenschaften. Psychologie und Anthropologie kompensierten Erfahrungsdefizite der genannten Wissensdisziplinen: Dieses Thema wird Marquard in den nächsten Jahren weiter beschäftigen. Damit einhergehend stellt er schon damals die Idee eines transzendentalen und absoluten Ichs in Frage, indem er auf Unverfügbarkeiten des endlichen Daseins aufmerksam macht.

Dieser Verabschiedung des Transzendentalen und Absoluten folgt sein *Abschied vom Prinzipiellen.* Hiernach gibt es nur den von unverfügbaren Vorgaben geprägten, in Geschichten verstrickten, sterblichen Menschen. Dieser muss zwar sein Leben selbst führen, bleibt aber auf bewährte Traditionen angewiesen, die ihm Halt und Orientierung bieten. Hierbei nehmen die Geisteswissenschaften eine wichtige Aufgabe wahr: Sie dienen der Orientierung und Stabilisierung des gefährdeten Menschen, denn die Geisteswissenschaften haben nicht nur eine deskriptiv-theoretische, sondern auch eine ethisch-praktische Funktion. Davon abgesehen sei die Lebenszeit einfach zu kurz, als dass der Einzelne mit allem immer wieder von vorne anfangen könne. Überhaupt gewähren unsere Traditionen mehr Schutz, als dass sie den Bürgern schwere Lasten auferlegten. Jedenfalls steht die Bewahrung des Bewährten nicht unter der Anforderung, als richtig bewiesen werden zu müssen. Die Beweislast hat der Veränderer.

Allerdings sind wir nicht bloß in einer Tradition und Geschichte zu Hause, die für alle verbindlich werden sollte. Wir Menschen leben in vielen Geschichten, Sinn- und Lebenswelten – und das ist durchaus begrüßenswert. Mit diesem Plädoyer für lebensweltliche Buntheit erteilt Marquard jeder Art von Totalitarismus eine klare Absage. In diesem Zusammenhang weist er alle sich aus der Theodizee des 18. Jahrhunderts ergebenden Ansprüche der neuzeitlichen Geschichtsphilosophie an den Menschen zurück, sich vor deren erstrebten Zielen für den eingeschlagenen Lebensweg dauernd rechtfertigen zu müssen. Solche Ansprüche sind überzogen und inhuman. Statt den Alltag zu tribunalisieren, sollten die Menschen lieber selbst entscheiden dürfen, wer sie sein möchten und wie sie leben wollen. Marquard ist ein wertkonservativer Philosoph, der sich offen zur liberalen Demokratie und damit zur bürgerlichen Gesellschaft bekennt.

Für diese ist nicht nur ein zustimmungswürdiger Pluralismus charakteristisch, ohne den sie ihr menschliches Antlitz verlieren wird. Hinzu gesellen sich merkwürdige Entzweiungen, die sich nicht in einer höheren Synthese miteinander versöhnen und zu einer einheitlichen Ganzheit vermitteln lassen. So finden auf der einen Seite zahlreiche Versachlichungen und Entzauberungen etwa durch die mathematischen Naturwissenschaften statt. Diesen stehen auf der anderen Seite die Verklärungen der unberührten Landschaft oder die Wiederverzauberungen der Natur durch den ästhetischen Sinn gegenüber. Ähnlich gibt es einerseits die traditionsneutrale Technik, Medizin und Wirtschaft, denen andererseits die Geisteswissenschaften, Künste, Traditionen, der aufs Bewahren und Erinnern fixierte historische Sinn entgegenstehen. Damit zusammenhängend ist zum einen ein zunehmendes Entwicklungstempo in der modernen Welt festzustellen, zum anderen aber auch eine wachsende Kultur der Langsamkeit.

Marquard gehört zu den Philosophen, die die zivilisatorischen Errungenschaften auf dem Gebiet der Medizin, Technik und Wirtschaft eher als Segnungen begrüßen, anstatt sie als Fluch zu verurteilen. Ohne zu bestreiten, dass die wissenschaftlich-technische Zivilisation zu mancherlei Sorge Anlass gibt, wendet er sich gegen alle, die ihre Lebensvorzüge so sehr in den Hintergrund drängen, dass diese kaum noch in den Blick geraten: Immerhin ermöglichen doch erst sie ein Dasein in abgemilderter Not.

Obwohl sich die gegensätzlichen Kulturbereiche nicht in Synthesen miteinander vermitteln lassen, stehen sie Marquard zufolge nicht unverbunden nebeneinander. Die Traditionen, Künste und Geisteswissenschaften kompensieren die Verluste, die mit den Versachlichungen der modernen Technik und Naturwissenschaft einhergehen. Darum sind jene unverzichtbar. Die Künste und Geisteswissenschaften halten Wirklichkeiten präsent, die andernfalls unbemerkt und unverstanden blieben. Deshalb werden wir auch im Zeitalter der modernen Naturwissenschaften nicht aufhören, von künstlerischem Verstehen, tonangebendem Geschmack und von

Stilwandel als der inneren Entwicklung kultureller Formen zu reden. Töne mögen als Schalldruckwellen und Farben als elektromagnetische Strahlungen bestimmter Wellenlängen erklärbar sein. Trotzdem bleiben eine uns ansprechende Melodie und ein uns berührendes Bild, was sie für uns schon immer waren: ein hermeneutisch zugängliches Sinnerleben eigener Art.

Wie schon sein Lehrer Joachim Ritter befürwortet Marquard also die neuzeitlichen Entzweiungen, statt das Misslingen ihrer synthetischen Vermittlung zu beklagen. Solche Vermittlungsversuche gingen immer zu Lasten einer der beiden Seiten. Im Grunde genommen seien solche Vermittlungen auch unmöglich und darüber hinaus noch gefährlich, führen sie doch zur Entwertung und Unterdrückung der einen oder anderen Seite. Die Menschen benötigen aber beide Kulturen zum Überleben und zum guten Leben.

Bei alldem hält Marquard an der alten These fest, dass der Mensch als schwaches, sorgenvolles Mängelwesen einer starken, rücksichtslosen Wirklichkeit gegenübersteht. Zu überleben und gut zu leben bedeutet daher, das Unmögliche zu vollbringen. Glücklicherweise ist Phantasielosigkeit keine menschliche Stärke. Der Mensch weiß sich selbst dort noch zu helfen, wo ihm nicht mehr geholfen werden kann. Marquard legt den Akzent weniger auf die Übermacht der Welt und die Ohnmacht des Menschen als vielmehr auf dessen Fähigkeit, mit alledem zurechtzukommen: Die übermächtige Wirklichkeit auf Distanz zu bringen und die eigenen lebensbedrohlichen Mängel auszugleichen, gelingt dem Menschen mit Hilfe der Kultur, die von lebenserhaltenden Werkzeugen bis zu lebenserfüllenden Kunstwerken reicht.

Der Tod ist auch keine Lösung

Die ausgewählten Beiträge dieses Buches zeichnen Stationen von Odo Marquards Denkweg in Verbindung mit seiner Lebensgeschichte nach. Der Band versammelt die wichtigsten Texte des Philosophen zu den Themen Lebenszeit, Endlichkeit und Alter, denen er mit einer Mischung aus melancholischer Nüchternheit und humorvollem Scharfsinn auf den Grund geht. Der Vorteil des Greisenalters liege darin, sich nichts mehr beweisen zu müssen, schreibt Marquard, aber dessen Nachteil sei, die Zukunftshorizonte schwinden zu sehen: Der am 26. Februar 1928 geborene Philosoph verstarb mit 87 Jahren am 9. Mai 2015.

Endlichkeit ist ein Schlüsselwort dieses Buches – auch die Endlichkeit unserer Welt, die überall Zufälle, unverfügbare Widerfahrnisse gegen unsere Wünsche geltend macht. Der Stoiker empfiehlt Gelassenheit in solchen Situationen, Marquard sieht dagegen den Humor als eine Haltung, die mit den vielfältigen Begrenzungen des Daseins, dem Unabänderlichen, fertig zu werden vermag, indem es dessen Bedeutung relativiert. Sobald Ehrlichkeit gegen sich selbst unerträglich wird, muss es erlaubt sein, Urlaub hiervon zu nehmen und sich an wissentlichen Selbsttäuschungen auszuruhen.

In diesem Sinne darf man so tun, als sei man mit seiner limitierten Lebenszeit einverstanden, obwohl man es gar nicht ist, da Rebellion hiergegen ohnehin zwecklos wäre.

Im Beitrag »Einwilligung in das Zufällige« zeigt Marquard anhand der eigenen Lebensgeschichte, dass wir Menschen mehr Produkt unserer Zufälle als unserer persönlichen Wahl sind. Unter Zufällen versteht er Ereignisse, die einem zustoßen und die das eigene Leben ausmachen. Dazu gehören solche elementaren Vorgaben, wie etwa als Mensch mit endlicher Lebenszeit geboren worden zu sein oder als Bürger eines bestimmten Staates zu einer bestimmten Zeit zu leben und durch bestimmte Umstände irgendwann seine Leidenschaft für die Philosophie zu entdecken.

In »Verweigerung der Bürgerlichkeitsverweigerung« geht er auf den Zufall ein, in der Zeit des Nationalsozialismus aufgewachsen zu sein, wodurch sein Denken von allem Totalitären und Revolutionären befreit wurde. Unter dem Motto »Mut zur Bürgerlichkeit« bekennt sich Marquard zur liberal-parlamentarischen Demokratie und widerspricht jeder sozialistischen Verweigerung der Bürgerlichkeit im Nachkriegsdeutschland. Doch sind es nicht konkrete geschichtliche Erfahrungen allein, die Marquard jedem revolutionären Utopismus und überzogenen Kritikprogrammen eine Absage erteilen lassen, sondern es ist auch die existentielle Erfahrung der Sterblichkeit.

Auf diesen Punkt geht der Gießener Philosoph in »Zeit und Endlichkeit« näher ein. Menschliches Leben ist kurz. Darum sind alle Bemühungen begrenzt, sich von den vorgegebenen bürgerlichen Institutionen und Traditionen zu lösen, um sie kritisch zu überprüfen und gegebenenfalls zu verändern, denn hierfür fehlt es schlicht an Zeit. Das Leben ist zu kurz, als dass wir jedes Mal von vorne anfangen und alles neu regeln könnten. Deshalb geht es nicht ohne bewährte Konventionen. Zugleich aber ist das Leben auch zu kurz, um mit allem beliebig lange zu warten. Was neu getan werden soll, sollte möglichst bald getan werden. Die Moderne zwingt den Menschen also ein »temporales Doppelleben« auf, nämlich gleichermaßen schnell und langsam zu leben. Heute ist viel von wachsender Innovationsbeschleunigung auf den Gebieten der Naturwissenschaft, Technik und Wirtschaft die Rede. Die Lebensvorzüge dieser schnellen Welten sind unbestritten. Gleichzeitig jedoch brauchen die endlichen Menschen zum guten Leben auch Langsamkeit: alte Lebensformen, Vertrautheiten, Traditionen, welche die wachsende Schnelligkeit kompensieren.

In »Vernunft und Humor« legt Marquard dar, dass es von Vernunft zeuge, sich auf diese zweigeteilte Wirklichkeit, so wie sie ist, einzulassen. Es sei vernünftig, der modernen bürgerlichen Welt nicht die Zustimmung zu verweigern und unrealistischen Utopien zu widerstehen. Ein bewährtes Mittel, die Härten des Lebens zu bestehen, ohne vor ihnen zu fliehen, sei der Humor. Dieser erleichtert die Last der Wirklichkeit zwar, befreit aber nicht von ihr, so dass bei aller Distanz zur Wirklichkeit der Bezug zu ihr gewahrt bleibt.

Insbesondere das Alter qualifiziere zur Wahrnehmung der Wirklichkeit, wie sie ist, so der Autor in »Lebensabschnitt der Zukunftsverminderung«. Denn es gehöre zur Eigenart des Alters, keine große Zukunft mehr zu haben und infolgedessen von irreführenden Illusionen verschont zu bleiben. Darum seien ältere Menschen besser als jüngere geeignet, nüchtern zu erkennen, was ist.

Im abschließenden, sehr persönlichen Interview »Das Alter – mehr Ende als Ziel« hält Marquard zwar daran fest, dass das Alter den Sinn für die Wirklichkeit zu schärfen vermag, betont aber, dass die Wirklichkeiten des Alters überaus schlimm für ihn sind. Zahlreiche Gebrechen lassen ihn das Altsein als schwere Bürde empfinden. Von kleinen Freuden abgesehen, sei das Alter äußerst beschwerlich, ohne Aussicht auf Besserung, im Ganzen mehr Ende als Ziel. Doch obwohl im Licht des Alters alle Herrlichkeiten dieser Welt ihren Glanz verlieren, lebe die Eitelkeit verblüffenderweise fort.

Wie stumpfe Phantasie verstellt seniler Ehrgeiz bisweilen die wahre Bedeutung des Alters. Diese erkennt nur, wer es irgendwann einmal genug sein lassen kann. Doch hält ein starkes Geltungsstreben viele hiervon ab. Verständlicherweise möchten die Menschen auch im hohen Alter etwas bedeuten, noch einmal ernst genommen und gefeiert werden. So menschlich dieses Bedürfnis ist, die wahre Bedeutung des Alters bleibt hierdurch verborgen. Mit Simone de Beauvoir gesprochen, ist das Alter weniger ein Grenzfall des Lebens als vielmehr die Wahrheit des Lebens.

Dementsprechend misst das Alter mit anderem Maß als das Leben in der Blüte seiner Jahre. Da ist es eine Lust, auf der Welt zu sein, selbst dann, wenn der Lebensweg nicht einen Schritt über das Gewöhnliche hinausgeht. Dennoch hofft man, aus dem Ganzen etwas machen zu können. Allerdings entscheiden ehrgeiziges Mühen und Willenskraft nicht allein, ob sich die Anstrengungen auch lohnen werden. Das Glück winkt nicht automatisch dem Tüchtigen. Freilich ist nicht alles Lüge, was das Leben verspricht. Es ist, was es schon immer war: halb Gelingen, halb Scheitern. Wer aber nur schwarzsieht, sieht jedenfalls gar nichts. Der Lebenskreisel dreht sich zwischen Gewinn und Verlust, Licht und Schatten, Beglückung und Enttäuschung. Wandel ist das Los alles Menschlichen. Dennoch wünschen sich praktisch alle ein fortdauerndes Wohlergehen und Wohlbehagen. Hierbei hängen sie ihr Herz oft an Äußerlichkeiten, die vom Alter her beurteilt aber nur wenig Bedeutung haben. Der Beifall von heute zählt schon morgen nicht mehr. Im Alter sinkt der Wert vieler Dinge herab. Man misstraut ihrem glänzenden Schein. Doch erst wenn der Tod das Leben streift, entsteht ein angemessenes Gefühl für die eigene Endlichkeit. Plötzlich droht man auf dem weiten Plateau der Routinen wie durch eine Falltür in einen Abgrund zu stürzen. »Wir stecken schlimm drin«, schreibt Theodor Fontane. Spätestens dann, wenn das flüchtige Lob des Tages schwindet, wird deutlich: Wie weit man auch gekommen sein mag, man hat es nicht weit gebracht. Denn die ganze Betriebsamkeit und Wichtigtuerei des Alltags führen nirgendwohin. Auf diese Weise relativiert das Alter alle menschlichen Wichtigkeiten. Selbst die sogenannten Hauptsachen bedeuten nicht mehr sehr viel. Es steckt nicht so viel dahinter, wie wir gerne glauben möchten. Fast ist es nichts damit. Sicherlich bleibt vieles bedeutsam für uns. Auch kann das Leben als Geschenk empfunden werden, das Gefühle der Dankbarkeit hervorruft. Doch eine Zumutung bleibt es trotzdem. Denn auf dem Grunde allen menschlichen Gelingens schlummert ein Scheitern – die letzte Vergeblichkeit all unserer Mühen.

Insbesondere das Alter öffnet die Augen für solche desillusionierenden Einsichten. Es zeigt die Brüchigkeit, Unbeständigkeit und Vergänglichkeit alles Menschlichen auf. In diesem Sinne ist das Alter die schonungslose Wahrheit des Lebens. Ohne Selbstironie lässt sich die Trauer hierüber kaum ertragen. Sicherlich ist das Lebensabenteuer großartig, aber doch fast nichts!

Einwilligung in das Zufällige

»Die philosophische Betrachtung hat keine andere Absicht, als das Zufällige zu entfernen«: das schrieb Hegel. Ich widerspreche ihm – dem großen Empiriker – selten und ungern: Hier aber muss ich es wohl tun. Das Zufällige entfernen: das hieße zum Beispiel, aus der Philosophie den Philosophen entfernen; es gibt aber keine Philosophie ohne Philosophen (ob es nun Amateure sind oder Profis). So würde man schließlich – im Namen der Philosophie – aus der Philosophie die Philosophie entfernen. Also muss für die Philosophie das Zufällige gerettet werden; denn nur dadurch hat sie Wirklichkeit. Dafür sind autobiographische Bemerkungen nützlich; sie machen – in Bezug auf den einzelnen Philosophen – das Zufällige geltend, das – in Bezug auf alle Philosophen – die Philosophiegeschichte enthält, die für die Philosophie wichtig ist, weil für sie das Zufällige wichtig ist, das, was nur erzählt werden kann.

Das Zufällige, das ich bin, traf zufällig auf das Zufällige, das die Philosophie ist, und zog sich dabei einige Wunden und Freuden zu, die zu verarbeiten waren; das ist, kurz gesagt, die ganze Geschichte, die hier zu erzählen ist; es ist eine Kurzgeschichte, die jetzt schon fast 55 Jahre dauert [Anm. d. Hrsg.: der Text entstand 1983], so dass eines bereits feststeht: Lebend komme ich da nicht mehr heraus. Aber wie kam ich hinein? Die Antwort eben ist: zufällig.

Ich hätte auch gar nicht oder früher oder später geboren sein können; zufällig geschah es 1928, zufällig in einer Weltgegend, in der zur Kultur die Philosophie gehört, im Übrigen zufällig in Hinterpommern, wo ich Kind war und zur Schule ging, ehe ich, auch durchaus zufällig, auf eine politische Internatsschule kam und dann den Krieg – zufällig – überlebt habe: Mit siebzehn hatte ich meine Kriegsgefangenschaft schon hinter mir, ehe ich dann – zufällig wohnte eine Tante in einem hessischen Ort, an dem ein Abiturkurs lief – mein Abitur machte und – zufällig wurde ich nicht in Marburg oder Kiel, sondern in Münster zum Studium zugelassen – ganz und gar zufälligerweise ohne Lebensverspätung zu studieren begann: eben Philosophie, daneben Germanistik, ein wenig Kunstgeschichte und Geschichte und – spät erst: wegen der Philosophie – auch Theologie.

Warum habe ich gerade Philosophie studiert? Etwa weil es zufällig einen angeheirateten Onkel gab, der in diesem Fach promoviert hatte, ehe er Journalist wurde, und weil ich ihn so wenig kennengelernt habe, dass dieses merkwürdig faszinierende Wort »Philosophie« ohne inhaltliche Kanten blieb, an denen ich mich hätte stoßen können? Oder weil mir im Bücherschrank einer Tante zufällig Schopenhauer in die Hände geriet, wie übrigens wenig später, kaum weniger entscheidend, im Bücherschrank einer anderen Tante zufällig Freud (den Bücherschrank meiner Eltern gab es nach 1945 nicht mehr: da mussten schon – zufällig gab es sie – Tanten herbei als Agenten der List des Zufalls)? Oder weil auf jener ostfriesischen Insel, auf der meine Eltern Zuflucht gefunden hatten, zufällig der pensionierte Schlachthofdirektor, der endlich Kant in ein leichtverständliches Deutsch übersetzen wollte und darüber längst kantianisch-unverständlicher schrieb, als Kant es je getan hatte, mich durch seinen Enthusiasmus erfolgreich überzeugte, dass ein Mensch wie ich – bei allem Respekt vor meinen damaligen Malversuchen und meiner Lust an Bauplänen – Kants *Kritik der reinen Vernunft* anstandshalber mindestens passiv auswendig können müsse? Weil der Zufall, durch den ich nach Münster geriet, mich zu einem bedeutenden philosophischen Lehrer führte, ohne den mein Leben ganz anders verlaufen wäre, zu Joachim Ritter? Weil ich in seinem »Collegium philosophicum« – dem Zufall einer selten fruchtbaren Konstellation konträrster Köpfe, die zufällig recht konziliante Dickköpfe waren und die Ritter in liberalster Weise balancierte und inspirierte – zufällig enge Freunde fand? Weil mich, auch das fiel mir zu, in Freiburg Max Müller und Wilhelm Szilasi generös betreuten, als Ritter einige Zeit in Istanbul lehrte, so dass ich in der Zwischenzeit nicht resignierte, sondern schließlich doch noch, 1954, promovierte? Das geschah mit jener Arbeit, die 1958 als *Skeptische Methode im Blick auf Kant* erschien und den »interimistischen Skeptizismus« zur Position machte: Mein Weg in die Philosophie war zum Weg in die Skepsis geworden.

Wie also kam ich zur Philosophie? Zufällig: Sie stieß mir zu. Ich kam in die Philosophie wie die Wespe in die Cola-Flasche: weil ich intellektuell naschhaft bin und die Philosophie süß zu sein schien und weil, als ich merkte, dass sie ernst und gefährlich ist, es schon zu spät war, noch herauszukommen. So blieb ich bei der Philosophie, zu der ich so gekommen war; aber – diese Frage ist mir präsenter, als jene meiner Fachgenossen vermuten werden, die mich für unphilosophisch halten – bin ich denn dabei überhaupt wirklich zur Philosophie gekommen: zur wirklichen Philosophie? Diese Frage ist ja nicht schon dadurch positiv beantwortet, dass ich von einem bestimmten Augenblick an auf den Gehaltslisten für professionelle Philosophen auftauchte: seit 1955 als Wissenschaftlicher Assistent in Münster, seit 1963 – nach meiner Habilitation mit einer Arbeit über Schelling und Freud – ebendort als Privatdozent, seit 1965 als ordentlicher Professor in Gießen, jetzt gerade als Fellow am Wissenschaftskolleg in Berlin. Denn ich bin eben ein aus der hermeneutischen Schule kommender und ihr nie ganz entlaufener Skeptiker; und es ist eine altehrwürdige Streitfrage, ob die Skeptiker wirklich zu den Philosophen gehören. Ich selber meine: Sie gehören dazu. Genau nur dann folgt: Indem ich zur Skepsis kam, kam ich zur Philosophie. Wie also kam ich zur Skepsis?

Ich gehöre zu jener Generation, die Helmut Schelsky die »skeptische Generation« genannt hat: desillusioniert durch jenen Zusammenbruch, den der Nationalsozialismus bewirkte, weil er aus ihm bestand, fortan also skeptisch gegenüber Ideologien und darum – entlastet von Totalfragen – praktisch zupackend. Ich absolvierte dieses Generationsschicksal nur halb: Ich war nicht praktisch zupackend, sondern (parasitär zum Wiederaufbau durch die praktisch Zupackenden) nur skeptisch, wohl auch wegen des unbestimmten Eindrucks, nach dem gewesenen Schrecklichen nicht gleich zur Tagesordnung übergehen zu können. So machte ich – unfähig zu trauern?: jedenfalls fähig, verzweiflungsvoll zu zweifeln – zunächst das Nichtbegreifen, die Irritierung zur Position: die Skepsis. Das war Philosophie als prolongierte Schrecksekunde, die im Übrigen meinte, dass nur Gedanken zählen, die – rückbezüglich aufs Leben (zu dem damals meine Schwierigkeiten mit dem Erwachsenwerden gehörten) – man auch in schweren Lebenslagen noch bemerkt. Solcher Gedanken (schien mir) gibt es nicht viele. So hatte meine damalige skeptische Philosophie – außer der Zweifels- und Verdachtssucht – kaum Inhalt: Darum musste sie, zum Ausgleich, viel Form und Verspieltheit haben, um aushaltbar zu sein. Deswegen war mein bevorzugtes Feld das ästhetische und wurde mein philosophischer Stil – zu dem ich damals fand – die Grundlagenbelletristik.

Die Versuchung lag nahe, diese verspielte Skepsis ernst zu machen durch moralisches Engagement: als Enttarnung des Bösen. Dabei wurde für mich die »Kritische Theorie« interessant, der ich mich seit Mitte der fünfziger Jahre näherte, bis ich Ende der sechziger Jahre vor dem erschrak, was die »Studentenbewegung« daraus machte durch jene Revolte, die man – mit einem Gegenbegriff zu Freuds »nachträglichem Gehorsam« – verstehen kann als nachträglichen Ungehorsam. Als man sich in der Bundesrepublik vom schlechten Gewissen darüber, dass Ungehorsam und Aufstand gegenüber der nationalsozialistischen Diktatur in der Regel unterblieben waren, nicht mehr durch die Mühe des Wiederaufbaus ablenken konnte, holte man diesen Ungehorsam und Aufstand nach: absurderweise jetzt – mit dem Feindbegriff des Vorhandenen – gegen die vorhandenen Liberalverhältnisse der Bundesrepublik. Das war ein Entlastungsarrangement: Offenbar braucht man, wo Schuldvorwürfe es überlasten, das Gewissen nicht mehr selber zu haben, wenn man das Gewissen für andere wird. Diese nachträglich ungehorsame Flucht aus dem Gewissenhaben in das Gewissensein machte die nachkritische Geschichtsphilosophie zum Gesetz der revolutionären Avantgarde, die alle anderen dazu verurteilt, die Vergangenheit zu sein, um selber exklusiv die Zukunft zu sein als Agent der großen Erlösung: ohne Rücksicht auf Endlichkeiten durch absolute Weltrevision nach absoluten Prinzipien. Diesen nachträglichen Ungehorsam, bei dem sich die Skepsis ungemein moralisch fühlen konnte, habe ich zunächst zögernd mitgemacht und dann kritisiert; in meinen *Schwierigkeiten mit der Geschichtsphilosophie* (1973).

Diese Zwischenphase der beim nachträglichen Ungehorsam engagierten Skepsis brachte für mich die – auch aus der Philosophiegeschichte belegbare – Erfahrung: Die Skepsis kann, durch Naivisierungseffekte der Reflektiertheit, zur indirekten Ermächtigung der Illusion werden. Also musste, das verlangten auch die Pflichten von Beruf und Familie, die ich inzwischen übernommen hatte, die Skepsis ernüchtert werden durch eine Philosophie der menschlichen Endlichkeit, die mit unserer sterblichkeitsbedingten Lebenskürze rechnet: Das übernahm ich von Heidegger. Wir leben einfach nicht lange genug, um dem, was wir schon sind, beliebig weit zu entkommen und um unser Leben durch Wahl nach absoluten Prinzipien total einzurichten: Unser Tod ist schneller als diese autonom-prinzipielle Absolutmachung unseres Lebens. Darum bleibt das, was wir sind, gemessen am absoluten Prinzip, stets überwiegend zufällig. Das ist keine Ermächtigung der Beliebigkeit. Der aus der christlichen Schöpfungstheologie kommende Endlichkeitsbegriff des Zufälligen (Kontingenten) meint »das, was auch nicht (auch anders) sein könnte«: Es ist, wenn man es nicht von Gott her, sondern – menschlicher – vom Menschen her sieht, doppelter Art. Entweder ist das Zufällige »das, was auch anders sein könnte« und durch uns änderbar ist (z. B. könnte dieser Text gar nicht oder anders geschrieben sein), also eine beliebig wählbare oder abwählbare Beliebigkeit. Oder das Zufällige ist »das, was auch anders sein könnte« und gerade nicht durch uns änderbar ist (Schicksalsschläge: z. B. geboren zu sein), also ein kaum entrinnbares Schicksal. Es sind überwiegend Zufälle dieser zweiten Art, die als natürliche und geschichtliche Vorgegebenheiten und als Geschehnisse, die uns zustoßen, unser Leben ausmachen und die wir erzählen, wenn wir unser Leben erzählen: Denn wir haben es überwiegend nicht selber geregelt, schon gar nicht nach absoluten Prinzipien. Dass ich – weil sie mir in der berichteten Weise zustieß – durch Zufälle zur Philosophie kam, heißt also nur: Ich kam so zur Philosophie und zur Skepsis, wie eben Menschen durchs Leben und zu sich selber kommen. Der Zufall ist keine misslungene Absolutheit, sondern – sterblichkeitsbedingt – unsere geschichtliche Normalität. Deswegen ist jeder von uns Menschen stets mehr seine Zufälle als seine Wahl. Dabei ist die Angst vor der Beliebigkeit eine optische Täuschung der Jugend, die nur andauert, weil gilt: »Kein Mensch ist erwachsen« (Malraux). Die Erfahrung des Überwiegens und der Lebensbedeutsamkeit jener Zufälle, die uns prägen, obwohl sie gerade nicht in unserem Belieben stehen, ist eine Alterserfahrung, die man schon früh im Leben machen kann, weil ebenso gilt: Jeder – auch der jüngste – Mensch ist schon alt, das heißt, so nah dem Tode, dass er jedenfalls nicht die Zeit hat, die Zufälligkeit der Zufälle, aus denen sein Leben besteht, in nennenswerter Weise zu löschen. Eine Philosophie, die – wie ich es teilweise 1981 skeptisch durch *Abschied vom Prinzipiellen* versuchte – diese Untilgbarkeit des Zufälligen geltend macht, ist, insofern, die Einwilligung in das Zufällige.

Verweigerung der Bürgerlichkeitsverweigerung

1945: Bemerkungen eines Philosophen[1]

Von mir – dem philosophischen Emeritus, dem nun schon gebrechlichen Altphilosophen unseres Fachbereichs – werden Sie nicht erwarten, dass ich Detaillierteres vorbringen kann zum engeren Thema dieser Ringvorlesung »1945 – Germanistik an der Wende?«, denn ich bin kein Germanist, sondern Philosoph. Ich beschränke mich darum auf einige quasi philosophische Überlegungen über das, was 1945 und drumherum geschah, und schicke folgenden Hinweis voraus.

Am 8. Mai des laufenden Jahres – des Jahres 1995 – hatte ich auf Einladung des Dipartimento di Filosofia der Terza Università di Roma und des Centro Culturale Tedesco Roma, also des Goethe-Instituts Rom, dort einen Vortrag zu halten über die Anthropologie der Zeit. In Italien liegen die Daten der Erinnerung an das Kriegsende früher. Aber ich habe mir Gedanken darüber gemacht, ob es – bei der einzigen Nicht-Routine-Veranstaltung des Goethe-Instituts an diesem Tage – nicht angebracht wäre, an das Kriegsende 50 Jahre früher zu erinnern. Ich habe da in der Via Savoia 15 – und zitiere mich selbst – Folgendes gesagt: »Heute ist der 8. Mai: Auch mein Land denkt heute zurück an das Ende des Zweiten Weltkriegs, durch den es Schrecken und Leid über die Welt gebracht hat. Zwar ist das Kriegsende vor

50 Jahren nicht mein Thema (sondern die Anthropologie der Zeit). Aber ich hielte es nicht für richtig, den 8. Mai 1945 in meinem Vortrag nicht wenigstens zu erwähnen. Er war für Deutschland ein Tag des Zusammenbruchs, der eine Befreiung vom Totalitarismus war, die im westlichen Teil Deutschlands alsbald und im östlichen Teil Deutschlands 45 Jahre später wirksam wurde. Ich persönlich hatte – damals gerade 17 geworden – am 8. Mai 1945 das Glück, der sowjetischen Kriegsgefangenschaft knapp zu entgehen und in amerikanische Kriegsgefangenschaft zu kommen. In dieser Form war dieser Tag vor 50 Jahren ein entscheidendes Datum meiner eigenen bewussten Lebenszeit.« Über dieses Stichwort »Lebenszeit« bin ich dann zum Thema meines Vortrags »Antropologia del Tempo« weitergegangen.

Die Erwähnung der »eigenen bewussten Lebenszeit« in Bezug auf den 8. Mai 1945 aber signalisierte und signalisiert, dass in Bezug auf 1945 der Philosoph, der hier spricht, nicht nur eigene Überlegungen von sich gibt, sondern auch eigene Erinnerungen hat. Darum gliedere ich meine Vorlesung heute in folgende zwei Abschnitte: 1. Erinnerungen; 2. Überlegungen. Ich beginne – den Üblichkeiten entsprechend – mit Abschnitt:

1. Erinnerungen

Sie können im Kürschner gegenkontrollieren, dass ich am 8. Mai 1945 genau 17 Jahre und 71 Tage alt war. Ich war damals – nach meiner Luftwaffenhelferzeit und einer sechswöchigen Zwischenphase, in der ich in Sonthofen im Allgäu am 6. März ein ungültiges Abitur (»Diplom«) erwarb – Volkssturmmann in einem Volkssturmeinsatzbataillon, das in typischen Berliner Doppelstockbussen aus der Gegend südlich Berlins in die Gegend von Gotha transportiert wurde. Von dort bin ich dann mit dieser Einheit – ab Ende April bewohnt von Läusen – bis ins Vogtland und ins damalige Sudetenland vor den Amerikanern halbwegs geordnet weggelaufen. Am 8. Mai sind wir unter dem Eindruck eines dort damals verbreiteten Gerüchts von der nun schon sehr weit östlich liegenden Westfront eilig in Richtung Ostfront marschiert: Es hieß, ein Waffenstillstand mit den Westmächten würde das Weiterkämpfen gegen die Sowjets – die aufzuhalten es dadurch Chancen gebe – ermöglichen. Am Abend des 8. Mai 1945 stellte sich heraus, dass dieses Gerücht falsch war. Daraus entstand sofort die Frage: Wie gelingt es, nicht in sowjetische, sondern in amerikanische Kriegsgefangenschaft zu kommen? Nachts sind wir – beim Gehen immer wieder einschlafend – zurückmarschiert. Als es am 9. Mai 1945 hell wurde, waren wir wieder im Vogtland, fielen erschöpft um und schliefen, und im Laufe des Tages wurden wir amerikanische Kriegsgefangene südlich von Plauen (bei Schöneck). Ende Juni wurden die, die in die westlichen Besatzungszonen entlassen wurden, dazu gehörte auch ich, in Viehwagen nach Diez an der Lahn verlegt, weil die Sowjets Plauen übernahmen. Wenn ich heute jemanden erschrecken will, rede ich von meiner Zeit im Zuchthaus Diez, das der logistische Mittelpunkt des damaligen französischen Kriegsgefangenenlagers war. Am 9. August 1945 – ehe die erwachseneren Gefangenen aus Diez in die schlimmen Lager Remagen und Kreuznach kamen – wurden die Nochnichterwachsenen, wie ich einer war, entlassen. Ich bekam meine ersten Nachkriegs-Lebensmittelkarten in Limburg, die ich am 10. August in Gießen leerkaufte: Erst seit diesem Tag wusste ich wirklich, dass es Gießen gibt und wo es liegt. Mitte August erfuhr ich in Norderney, wo eine Tante uns aufnahm, dass meine Eltern noch lebten. Wenig später ist die Familie meiner Frau – die schon im April nach einem Treck mit Pferd und Wagen aus Westpreußen in Thüringen angekommen war – noch einmal – mit Pferd und Wagen – weitergezogen: nach Ostwestfalen. Ich kannte meine Frau damals noch nicht; meinen Schwiegervater, der im März 1945 gefallen ist, und den Bruder meiner Frau, der im April 1945 durch einen Panzerfaustunfall zu Tode gekommen ist, habe ich nie kennengelernt. Auch Kolberg in Ostpommern, wo meine Eltern von 1931 bis 1945 wohnten, habe ich seither nicht wiedergesehen.[2]

Das sind also meine Erinnerungen an 1945. Aber all das – dieser Privatkram – wird Sie doch wohl nur ganz beiläufig interessieren. Als Dekan Leibfried mich für diese Ringvorlesung anwarb, habe ich ihn einschlägig gewarnt. Aber – sagte er – Sie kennen doch durch Selbsterfahrung die unmittelbare Nachkriegsuniversität. Stimmt, sagte ich, aber zum Vergleich reicht das nicht: Die Universität während der Nazizeit habe ich nicht durch Selbsterfahrung kennengelernt, denn da war ich noch auf der Schule. Dann – meinte Dekan Leibfried – erzählen Sie uns doch etwas über die Schule in der Nazizeit. Das – musste ich ihm erwidern – ist noch komplizierter; denn ich war – jedenfalls von meinem 12. Lebensjahr an, ab April 1940 – nicht auf einer normalen Schule der Nazizeit, sondern auf einem extrem politischen Naziinternat. Einige Kundige werden jetzt sagen: aha, Napola. Das steht zwar einstweilen so über mich im Munzinger-Archiv, stimmt aber nicht; es war nämlich noch viel schlimmer: Ich war – von April 1940 bis Anfang März 1945 – auf einer Adolf-Hitler-Schule zunächst in Sonthofen im Allgäu und dann in der Falkenburg am Krössinsee in Hinterpommern. Das waren sogenannte Ordensburgen, deren eigentliche Bewohner, sogenannte Ordensjunker (Studentenalter: twens), im Fronteinsatz waren, so dass die Adolf-Hitler-Schüler (Sekundarstufenalter: teenager) dort untergebracht werden konnten. Der Unterschied zwischen Nationalpolitischen Erziehungsanstalten (NPEA, Napola) und Adolf-Hitler-Schulen (AHS) war folgender: Die Napolas begannen 1933, nahmen teilweise in Varianten die Tradition der nach dem Ersten Weltkrieg verbotenen Kadettenanstalten auf; es waren schließlich 35 mit zum Schluss 9000 »Jungmannen«. Sie waren nazi-staatliche Einrichtungen, bei denen sich – nicht übermäßig erfolgreich – zunächst die SA und dann die SS um Einfluss bemüht haben: Ihr Patron blieb der nazi-staatliche Reichsminister für Wissenschaft, Erziehung und Volksbildung Bernhard Rust. Die Adolf-Hitler-Schulen hingegen begannen erst 1937; es waren zunächst zehn, dann zwölf mit zum Schluss zwischen 2500 und 3000 Schülern. Ihr Träger war die altersentsprechende Parteiorganisation, die Hitlerjugend: Ihre Patrone waren der Reichsorganisationsleiter Robert Ley, der sie aus dem Budget der Reichsarbeitsfront finanzierte, und der Reichsjugendführer Baldur von Schirach. Wer darüber mehr erfahren will, sei verwiesen auf das Buch von Harald Scholtz, *NS-Ausleseschulen. Internatsschulen als Herrschaftsmittel des Führerstaats*, Göttingen (Vandenhoeck & Ruprecht) 1973. Die Adolf-Hitler-Schule sollte eine Rekrutierungsbasis für den nationalsozialistischen Führernachwuchs bilden, war aber darauf nicht festgelegt: Man wollte halt in allen Berufen Nazis haben, die nicht schlechthin dumm waren. Ich selber z. B. wollte damals Architekt werden. Wenn ich die AHS mit einigen Stichwörtern charakterisieren sollte (mehr ist hier ohnehin nicht möglich), würde ich sagen: der Tendenz und Absicht (nicht unbedingt der Wirklichkeit) nach: Politisierung von allem und jedem, insbesondere auch des Unterrichts; Wichtigkeit des Sports, auch als Wehrertüchtigung; Jugendbewegung, Elitenbildung, Führerprinzip, »Revolution der Erziehung« (Schirach), Ablösung der bürgerlichen Bildungsschule durch Erziehung zum völkischen Aufbruch, »Sozialismus der Tat«, Volksgemeinschaft, aber zugleich Isolierung von ihr durch das Internat. Im Übrigen »Bewährung«, »du bist nichts, dein Volk ist alles«, also Erziehung nicht zum Bürger, sondern revolutionäre Erziehung zum Nazi-Idealisten. Noch wenn ich heute das Wort »Idealist« höre, sträuben sich mir immer noch die Haare: Der – totalitäre – Idealist ist der, der für die angeblich höhere Sache mit »Härte« gegen sich selber alles zu opfern bereit ist: sein Leben, seine Individualität, seine bürgerlichen Empfindlichkeiten, seine Menschlichkeit und Moral.

Das war das bürgerlichkeitsverweigernde NS-Erziehungsziel: fiat utopia, pereat mundus. Sie können sicher sein, dass ich immer wieder darüber nachdenke, in welche Situationen ich – mit diesem Erziehungshintergrund – hätte kommen können, wenn der Krieg auch nur ein halbes Jahr länger gedauert hätte.

Es gibt nun sicher den einen oder anderen, der schließen möchte: Es sei typisch Bundesrepublik, dass Absolventen dieser Schule in ihr Karriere haben machen können: z. B. Professor werden wie z. B. ich; oder in den Gewerkschaften, z. B. in der ÖTV, dort war bei der Regelung der Nachfolge Klunckers der ihr nur knapp unterlegene Gegenkandidat von Monika Wulf-Mathies das engagierte SPD-Mitglied Siegfried Merten, ein Klassenkamerad von mir aus dieser AHS-Schulzeit: Ich habe ihn, der vor kurzem an Lungenkrebs gestorben ist, gemocht, vor 1945 und, als ich ihn viele Jahre nach 1945 wiedertraf, auch. In der antifaschistischen ehemaligen DDR – meinen vielleicht einige – wären solche Karrieren nicht möglich gewesen. Wirklich nicht? In der DDR ist z. B. Werner Lamberz, Politbüromitglied des ZK der SED und Rivale von Egon Krenz, nur deswegen nicht im Gespräch für eine spätere Nachfolge Erich Honeckers geblieben, weil er 1978 bei einem Hubschrauberabsturz ums Leben gekommen ist: Auch er – ein Jahr jünger als ich – war ein Absolvent der Adolf-Hitler-Schule; 1941/42 hatten wir in Sonthofen die gleiche Postadresse. In meinem Bändchen *Abschied vom Prinzipiellen* (Stuttgart 1981) habe ich (S. 6) zusammenfassend geschrieben: Ich sei auf dieser »politischen Internatsschule« »solide ausgebildet« worden »einzig in Weltfremdheit«.[3] Der Hinweis auf die Adolf-Hitler-Schule gehört sicher in den Kontext dieser Ringvorlesung. Die Erwähnung, dass ich dort Schüler war, könnte Hautgout haben. Darum füge ich hinzu, was ich 1982 im Wissenschaftskolleg zu Berlin bei der kurzen Selbstvorstellung der Fellows – ich war nach György Konrad, Władysław Bartoszewski und Josef Tal dran – meiner Bemerkung »1940–1945 war ich auf einer Adolf-Hitler-Schule« hinzugefügt habe: »Ich erwähne das, um es nicht nicht zu erwähnen.«

Wie – das ist die einschlägige 1945-Frage –, wie wird man aus dem Schüler einer solchen Schule zum Studenten der Nachkriegsuniversität und zum Demokraten? Eine Vorlesungsstunde ist zu kurz, um das zu beantworten. Ich kann hier – aus Zeitnot – nur einige Hinweise versuchen. Dabei binde ich ein paar Bemerkungen über die Universität nach 1945 ein in einige allgemeinere Überlegungen zur deutschen Nachkriegszeit bis 1968, und zwar nun im Abschnitt:

2. Überlegungen

Sie kennen, denke ich, jene Theorie, die seit 1968 herrschende Lehre geworden und offenbar geblieben ist: dass das unmittelbare Nachkriegsdeutschland – dann insbesondere die Bundesrepublik –, unfähig zu trauern, bis 1968 die nationalsozialistische Vergangenheit verdrängt habe und dadurch der Auseinandersetzung mit ihr ausgewichen sei. Die Folge sei gewesen: Versäumnis eines wirklichen Neuanfangs. Die Bundesrepublik sei – weil sie eine bürgerliche Republik wurde – eine misslungene Revolution: die Verweigerung der Weltverbesserung durch Wende zum Bürgerlichen. Das klingt besonders schlimm, wenn man die marxistische Faschismustheorie affirmativ im Ohr hat: Faschismus – Nationalsozialismus, den man so nicht nennt, weil man die Vorstellung des »Sozialismus« von ihm fernhalten will – Faschismus ist die gewaltsame, die terroristische Selbstverteidigung der bürgerlichen Gesellschaft gegen den Siegeszug der proletarischen Revolution. Darin steckt: Das Bürgerliche ist schlimm; nötig ist: die Verweigerung der Bürgerlichkeit.

Ich habe – z. B. unterm Eindruck u. a. von Georg Lukács' *Zerstörung der Vernunft* von 1954 – diese These zunächst für plausibel gehalten, war entsprechend (wie fast alle, die vor 1945 rechts waren) links, habe mir aber zunehmend – vor allem unter dem Eindruck der 68er-Studentenbewegung: deren Teach-ins seit 1967 hatten mir zu viel Ähnlichkeit mit NS-Schulungsabenden – die Frage gestellt: Stimmt das eigentlich? Meine Antwort war zunehmend: nein. Meine Arbeitshypothese ist geworden: Der Nationalsozialismus gehört – als eine besonders scheußliche, widerliche und unüberbietbar schreckliche Form – zu den Verweigerungen der Bürgerlichkeit. Das Gegenmittel war und ist darum nicht eine neue – eine neue sozialistische – Verweigerung der Bürgerlichkeit, sondern im Gegenteil: der Mut zur Bürgerlichkeit. Ich operiere dabei mit einem recht weiten Begriff des Bürgerlichen: zur Bürgerwelt gehört z.B. neben der Emanzipation des »dritten Standes« auch, dass der »vierte Stand« in den »dritten Stand« sich auflöst: also – im Gegensatz zu jener Ausbürgerung des Proletariats, die die Verelendungstheorie prognostizierte – jene »Einbürgerung des Proletairs«, die schon 1835 Franz von Baader voraussah und die die reformistische Arbeiterbewegung entscheidend mitbewirkt hat, die darum eine prägende Kraft der bürgerlichen Bundesrepublik geworden ist. Die Wende zur demokratischen Bürgerlichkeit (zur bürgerlichen Mitte), also die Verweigerung der Bürgerlichkeitsverweigerung, war nach 1945 die plausible und rationale Antwort auf den Nationalsozialismus. Daraus folgt nun allerdings eine kritische Infragestellung liebgewordener herkömmlicher Deutungsmuster der Nachkriegszeit, die, dass der 8. Mai 1945 eine Befreiung war, wirklich ernst nimmt. Ich kann hier – aus Zeitnot – nur auf einige einschlägige Tatbestände hinweisen, die charakteristisch sind für die Nachkriegszeit (a–d). Da ist:

a) der Friede mit dem Alltag. Manès Sperber hat in seiner Friedenspreisrede von 1983, »Leben im Zeitalter der Weltkriege«, die Frage aufgeworfen: Wie kommt es, dass im 20. Jahrhundert die Menschen psychisch bereit waren zu zwei Weltkriegen? Seine Antwort: Diese schrecklichen Kriege waren nicht nur schrecklich, sie waren zugleich auch auf schreckliche Weise gewünscht als Entlastung vom Alltag. Die Unzufriedenheit mit dem Alltag erzeugt die Faszination durch das »Moratorium des Alltags«, das der Krieg ist. Diese These hat Sperber schon 1938 in seinem Essay »Analyse der Tyrannis« vorbereitet, der damals von den Nazis und den Stalinisten gleichermaßen totgeschwiegen und eingestampft wurde; These: Gerade die Tyrannis – die rechte wie die linke – kommt zum Erfolg, weil sie ebenfalls Entlastung vom bürgerlichen Alltag verspricht: den antibürgerlichen Ausbruch in den großen Ausnahmezustand. Sperber hat hier zutreffend Ähnlichkeiten der Motive zu rechter und linker »Tyrannis« angesprochen wie ab 1951 Hannah Arendt in ihrer Totalitarismustheorie. Die Habermas-Fraktion des Historikerstreits war – neben etlichem, worin sie recht hatte – der Versuch, die Wiederkehr der Totalitarismuskategorie zu verhindern: darin hatte sie unrecht, François Furet in *Le passé d'une illusion* hat das richtig gesehen und kritisiert. Die bundesrepublikanische Nachkriegszeit war – etwa durch den Wiederaufbau – der erfolgreiche Versuch, gegen die Faszination durch kriegerische und totalitaristische Moratorien des Alltags, Frieden mit dem Alltag zu schließen: dadurch war sie eine entschieden vernünftige ausdrückliche Reaktion auf den Nationalsozialismus und seinen Krieg. Da ist:

b) die Wiederholung der Ordinarienuniversität. Ich selber wurde Student dieser Ordinarienuniversität: nach einem Abiturkurs, zu dem ich erst nach einigermaßen strenger Überprüfung zugelassen wurde, und der Erlangung des gültigen Abiturs 1946 im Kreis-Realgymnasium für Jungen in Treysa. Es war – die Kriegsteilnehmerjahrgänge drängten an die Universität – Numerus-clausus-Zeit; ich selber hatte kaum Lebenszeit verloren und wurde darum zunächst in Marburg und Kiel abgelehnt, in Münster nur zu einem Schippsemester zugelassen (und habe also meine akademische Karriere als Bauhilfsarbeiter begonnen). Studiert habe ich dort in Münster ab Wintersemester 1947/48. Die nachkriegsuniversitätsbezügliche Normaldeutung ist die These von der großen Kontinuität in der Universität über 1945 hinweg. Das ist von Fach zu Fach und von Ort zu Ort sehr verschieden gewesen. Für die Germanistik – sie war bei mir Nebenfach – mag das auch für Münster teilweise stimmen. Aber Jost Trier – bei dem ich auch Etymologie und mittelhochdeutsche Literatur sozusagen genippt habe – war schon vor 1933 Ordinarius für Sprache und Mediävistik in Münster: Er war eine faszinierende Mischung zwischen extremer Denklangsamkeit und Genialität. Wo es in der Germanistik zu Anpassungen gekommen ist, sollte man daran denken, dass es nicht nur schichten-spezifische Widerstandssklerosen und individuellen Karriereopportunismus gegeben hat, sondern auch die Bestechlichkeit von Fächern durch die Aussicht auf Wichtigkeitsgewinne: Man denke an die Volkskunde. Benno v. Wiese – mein Hauptlehrer in der neueren deutschen Literaturwissenschaft – hatte deutlich braune Flecken in seiner Vergangenheit. Seine Vorlesungen (zuerst das Tragödienbuch) habe ich nach der Ammenschlafmethode gehört (nur aufwachen, wenn das eigene Problembaby schreit: das war für mich die Theodizee, was ja wohl nicht gerade ein abwegiges Problem ist angesichts des Holocaust). Aber v. Wieses Oberseminare waren exzellent. Er war Ende der 20er bzw. Anfang der 30er Jahre sehr eng befreundet gewesen mit Hannah Arendt, die ihm nach 1945 privat, aber nicht öffentlich, die Leviten gelesen hat; öffentlich sagte sie in einem Interview in Bezug auf 1933 ohne Namensnennung: »Überrascht waren wir von einigen Freunden: denen ist zu Hitler zu viel eingefallen.« Meine Beißhemmung gegenüber Benno v. Wiese hängt auch mit der Frage zusammen: Wer bin ich, dass ich beißen sollte, wenn Hannah Arendt, die doch unendlich viel mehr Grund dazu gehabt hätte, nicht gebissen hat? Die Legende von der großen Kontinuität über 1945 hinweg stimmt jedenfalls mitnichten durchgehend. Mein Hauptfach war Philosophie: Meine philosophischen Lehrer in Münster – Joachim Ritter, Otto Most – haben ihre ersten Professuren erst nach 1945 angetreten;[4] das gilt auch für meinen Freiburger Doktorvater Max Müller, dem 1937 aus »politisch-weltanschaulichen Gründen« die Dozentur verweigert wurde und der im Kontext der »Weißen Rose« festgenommen und verhört wurde, und für meinen Korreferenten Wilhelm Szilasi, der Emigrant gewesen war. Heidegger durfte damals noch nicht wieder lesen. Generell ging es um die Wiederherstellung einer – institutionell, auch baulich – arbeitsfähigen Universität. Der Rückgriff auf die Ordinarienuniversität nach dem Vorbild der Ordinarienuniversität der Weimarer Republik war in weiten Teilen die Antwort auf die NS-Dozentenbund-Universität, die den Versuch einer Politisierung der Universität und einer Steuerung durch das »Braune Haus« gemacht hatte. Ich habe bei dieser Ordinarienuniversität nach 1945 die Erinnerung an große Lebendigkeit und Liberalität. Die Lesewelle in der zweiten Hälfte der 40er Jahre ist stärker gewesen als die damalige Fresswelle. Auch hier sollte man die These vom Kriegsende als Befreiung ernst nehmen. Natürlich hat es auch Repression durch Ordinarien gegeben: Habermas hat als Post-Doc unter seinen Ordinarien – Horkheimer und Adorno – wirklich gelitten und musste von Frankfurt nach Marburg quasi emigrieren, um sich dort zu habilitieren. Natürlich ist sein Bild der Ordinarienuniversität düsterer als das der Ritter- und Müller-Schüler, was – verständlicherweise – in seine universitätskritische Theorie eingegangen ist. Mich wundert im Übrigen, dass man – bei so viel Kontinuitätssuche über 1945 hinweg – an einer Stelle m. W. noch überhaupt nicht gesucht hat: Ich hielte es für interessant, bei denen, die 1968 als Jungordinarien mit der 68er-Studentenbewegung sympathisiert haben – zunächst gehörte auch ich dazu –, ihre Hitlerjugendränge zu eruieren; man würde hier sicher auf signifikante Korrelationen zwischen Ranghöhe und Konformitätsbeflissenheit gegenüber der Studentenbewegung stoßen: Sie sind erneut auf die Stimmung des großen antibürgerlichen Aufbruchs hereingefallen, vorher rechts, jetzt links und häufig neomarxistisch. Zu den unmittelbaren Nachkriegsphänomenen gehört:

c) »Die skeptische Generation«. Helmut Schelsky hat 1957 in seinem so betitelten Buch drei Jugendgenerationen unterschieden: 1. die Generation der Jugendbewegung (Wandervogel, Meißner-Formel, Klampfe, Blockflöte); 2. die Generation der politischen Jugend (Weltverbesserungsengagement zwischen den Weltkriegen); 3. die deutsche Jugend im Jahrzehnt nach dem Zweiten Weltkrieg, die skeptische Generation: desillusioniert, ernüchtert, antiideologisch und gerade dadurch besonders lebenstüchtig. Ich gehöre zu dieser skeptischen Generation: zwar nicht lebenstüchtig (wer ist schon lebenstüchtig und zugleich Philosoph?), aber skeptisch. Und die Skepsis der skeptischen Generation – das widerspricht der These von der unterbliebenen Auseinandersetzung mit dem Nationalsozialismus vor 1968 – war die direkte, ausdrückliche und völlig rationale Antwort auf den nationalsozialistischen Totalitarismus mit seinen grausamen Folgen. Und dazu gehörte, dass man sich auch keinen neuen Totalitarismus einreden lassen wollte. Das fiat utopia, pereat mundus in jeder Form wurde suspekt. Meine eigene philosophische Skepsis – die ja mein philosophisches Markenzeichen ist – ist das zur Position gemachte Erschrecken, die zur Position gemachte Desillusionierung. Die Grunderfahrung formuliert der Satz: Ich kann mich irren (ich brauchte bei mir ja nicht weit zu suchen, um ein gravierendes Beispiel zu finden). Ab 1968 habe ich – angesichts der Studentenbewegung – diesen Satz ergänzt: Ich kann mich irren; die anderen auch. Darum bin ich hier seit Anfang der 70er Jahre angriffslustig geworden: die 68er-Bewegung – ich leugne keine guten Absichten; indes: Das Gegenteil von gut ist gut gemeint – war nicht die initiale Auseinandersetzung mit der Nazi-Vergangenheit. Die gab es schon unmittelbar nach 1945. Das bedeutet – wohlgemerkt – nicht, dass wir sie inzwischen hinter uns haben: Das ist mitnichten der Fall. Diese Auseinandersetzung mit der Nazi-Vergangenheit muss weitergeführt werden. Aber es ist – ich hatte das schon gesagt – längst überfällig, ihre Deutungsklischees für die bundesrepublikanische Nachkriegszeit zu überprüfen. Das verlangt auch, dass man die herrschende Normaldeutung der 68er-Bewegung – Demokratisierung durch Kritik – überprüft.[5] Dazu der abschließende Unterabschnitt:

d) die Flucht aus dem Gewissenhaben in das Gewissensein. Ich hatte schon betont: dass die Deutschen der unmittelbaren Nachkriegszeit die nationalsozialistische Vergangenheit verdrängt und die Auseinandersetzung mit ihr vermieden haben, halte ich als generelle Aussage für falsch. Richtig ist vielmehr dieses: dass das Entsetzen – die »Kollektivscham« (Theodor Heuss) – über die Verbrechen des Nationalsozialismus in der Hunger- und Trümmerumwelt des Nachkriegsanfangs seinen Bußbedarf adäquater (nicht adäquat, aber adäquater) decken konnte als in der paradoxen Lage, die etwa zehn Jahre später – durch das sogenannte Wirtschaftswunder – eingetreten war: dass es den Deutschen in der Bundesrepublik alsbald auch besser ging als den Überlebenden unter denen, an denen sie schuldig geworden waren. Dadurch erst wurde das schlechte Gewissen – die Schuld und Scham – unerträglich, so dass nun – ab Mitte der 50er Jahre und dann in der Reprise durch die 68er – Entlastungsmechanismen einigermaßen unwiderstehlich wurden. Der erfolgreichste Entlastungsmechanismus wurde dabei die Flucht in die Kritik mit der Grundfigur: Man entkommt dem Tribunal, indem man es wird. Man floh aus dem Gewissenhaben in das Gewissensein: Das schlechte Gewissen, das man selber ›hatte‹, ersparte man sich oder linderte es, indem man das schlechte Gewissen für die anderen ›wurde‹. Für meine Generation war das eine große Versuchung, für die der Protest der Jüngeren zum willkommenen begleitenden Trommelwirbel wurde. Zur Entlastung radikalisierte und verdünnte man das ›nie wieder Nationalsozialismus‹ zum ›nie wieder Identifizierung‹ und verlangte von jedermann das Nein zum Bestehenden: das Nein zur bürgerlichen Welt der Bundesrepublik. Ich habe das 1981 in meinem Bändchen *Abschied vom Prinzipiellen* – mit einem Gegenbegriff zu Freuds gewissenstheoretischem Begriff des »nachträglichen Gehorsams«[6] – den nachträglichen Ungehorsam genannt: Das vor 1945 unterbliebene Nein sollte durch ein Nein zum nunmehr Vorhandenen (zur Bundesrepublik) nachgeholt werden. Der Nichtwiderstand gegen die Tyrannei sollte durch den Widerstand gegen die Nichttyrannei ausgeglichen werden. Und die versäumte Verweigerung der Diktatur sollte durch Verweigerung der vorhandenen Demokratie wettgemacht werden. Diese neue Verweigerung der Bürgerlichkeit konnte nicht wirklich die Demokratisierung fördern, sondern vor allem neue romantische Sympathien für Revolutionsdiktaturen.

Darum war und ist diese Bürgerlichkeitsverweigerung m. E. der falsche Weg, sich gegenüber Totalitarismen (gerade auch nationalsozialistischer Provenienz) widerstandsfähig zu machen. Denn die Verweigerung der Bürgerlichkeit ist das Übel, das man bekämpfen muss, wenn man den Totalitarismus bekämpfen will, und das kann man nicht durch Verweigerung der Bürgerlichkeit, sondern nur durch ihr Gegenteil: indem man für die Bürgerlichkeit, für die liberale parlamentarische Demokratie der Bundesrepublik eintritt. Die Bundesrepublik ist keine misslungene Revolution, sondern eine gelungene Demokratie: gerade weil sie eine bürgerliche Republik ist. Die Schwärmerei für antibürgerliche Diktaturen – rechte und linke – ist verderblich: Man muss sie politisch überflüssig machen durch politische Stärkung der politischen Mitte, bei der man dann darum streiten kann, ob sie besser eine reformistische oder eine konservative Mitte ist: Die parlamentarische Demokratie verfügt ja über die Verfahren, dies – jeweils auf Zeit – mal so, mal so zu lösen. Nicht die Verweigerung der Bürgerlichkeit ist geboten, sondern die Verweigerung der Bürgerlichkeitsverweigerung: der Mut zur Bürgerlichkeit. Das ist es, was ich durch 1945 und nach 1945 gelernt habe. Darum war es mir wichtig, innerhalb dieser Ringvorlesung Ihre Aufmerksamkeit gerade darauf zu lenken.

Anmerkungen

1 Am 18. Juli 1995 gehaltener Beitrag zur Ringvorlesung »1945 – Germanistik an der Wende?« des Fachbereichs Germanistik der Justus-Liebig-Universität Gießen. Die Anmerkungen sind (sc. 2002) ergänzt.

2 Erst im Sommer 1996 war ich – bisher zum einzigen Mal – kurz im jetzigen Kołobrzeg.

3 Das war überspitzt formuliert. Es gab »Erzieher«, die uns Solides beibringen wollten und bei denen ich etliches gelernt habe; ich denke u. a. an Walter Thom und Ekkehart Pfannenstiel. Und ich habe gute Erinnerungen an meine damaligen Klassenkameraden.

4 Joachim Ritter hatte 1943 eine Professur für Philosophie in Kiel wehrdiensthalber nicht antreten können.

5 Vgl. inzwischen Hermann Lübbes Beitrag »1968. Zur deutschen Wirkungsgeschichte eines politromantischen Rückfalls«, in: H. L., *Politik nach der Aufklärung*, München 2001, S. 129–149, dem ich in allen wesentlichen Punkten zustimme. Auch daraus wird ersichtlich, dass ich zur Festschrift für Heinrich Brinkmann nicht wegen Übereinstimmung in philosophischer und politischer Position beitrage, sondern weil ich ihn mag. Ich verweise im Übrigen hier auch deswegen auf Hermann Lübbe, weil Heinrich Brinkmann in seiner Studienzeit in Münster (bevor er – nach dem auch von mir begrüßten Studienweg über Frankfurt: ich hielt es für gut, dass er Habermas hörte – als Hilfskraft mit mir nach Gießen kam) sowohl bei mir wie auch bei Lübbe gearbeitet hat: Meiner Erinnerung nach hat Lübbe ihm damals stilistisch »das Marquardisieren« auszutreiben versucht, durchaus erfolgreich, wenn auch mit unbeabsichtigtem Effekt; denn dadurch wurde Brinkmann frei für die Sprache und das Denken der »Frankfurter«.

6 Sigmund Freud, »Totem und Tabu« (1912), hrsg. von Hans-Martin Lohmann, Stuttgart 2016, S. 194, vgl. S. 190 ff. [Reclams Universal-Bibliothek. 18956.]

Zeit und Endlichkeit

Nur knapp 45 Minuten habe ich hier Zeit, um mich auf philosophische Weise öffentlich über die Zeit zu äußern; und diese Frist möchte ich einhalten, denn ich habe – mit besonderer Berücksichtigung ihrer Endlichkeit – ja eben auf die Zeit zu achten.

Drum auch möchte ich sofort – ohne Zeitverzug – ein Buch über die Zeit ins Spiel bringen, das vor nicht allzulanger Zeit, nämlich 1986, erschienen ist und von Hans Blumenberg stammt, betitelt *Lebenszeit und Weltzeit*[1]. Dort entwickelt Blumenberg – auf der Grundlage einer eigenwilligen und glanzvollen Interpretation der »genetischen Phänomenologie« des späten Husserl – als zentrales Zeitproblem die menschliche Lebenskürze: Je mehr die Menschen – nach ihrer Vertreibung aus der »Lebenswelt« der unmittelbaren Selbstverständlichkeiten – die objektive Welt mit ihrer unfasslich riesigen »Weltzeit« entdecken, desto unausweichlicher entdecken sie zugleich, dass ihre »Lebenszeit« eine ultrakurze Episode ist, limitiert durch den Tod, die unerbittliche Grenze für ihren vital und kognitiv grenzenlosen Weltappetit. Die »Kongruenz« von »Lebenszeit und Weltzeit« erweist sich als Wahn; die »Öffnung der Zeitschere« zwischen »Lebenszeit und Weltzeit« erweist sich als Wirklichkeit, bei der es – das füge nun ich hinzu – ganz und gar kein Zufall ist, dass sie – die menschlich-endliche Lebenszeit im Kontrast zur Weltzeit – gerade modern und gegenwärtig besondere philosophische Aufmerksamkeit auf sich zieht.

Denn die wissenschaftliche Objektivierung und Entgrenzung der Weltzeit – das hat, wohl zuerst 1987 beim Gießener Philosophenkongress und dann mehrfach wieder, letzthin vor allem Johann Baptist Metz[2] betont – diese wissenschaftliche Objektivierung und Entgrenzung der Weltzeit wird in der modernen Welt (vor dem Hintergrund jener Erfahrung, die Nietzsche als den »Tod Gottes« beschrieb) möglich und nötig durch ihre – wie Metz das nennt – »Entfristung«. Erst wo sie ihre eschatologische Finalität als Heilszeit – als befristeter Weg zum erlösenden Ende, als Frist zum Heil – verliert, kann die Weltzeit zu jener – wie Metz sagt – ziellos »offenen« und »evolutionär entfristeten Zeit« werden, die die moderne – physikalisch orientierte – Kosmologie geltend macht: Die Objektivierung und Entgrenzung der Weltzeit lebt von der Entfristung der Heilszeit, natürlich auch von der Entfristung ihrer modern säkularisierten Surrogate: etwa von der Selbstzerstörung der finalisierenden Geschichtsphilosophien, zu denen der Marxismus gehört. Jedenfalls: Die Weltzeit avanciert auch und gerade als philosophisches Thema durch die Entfristung der Heilszeit und ihrer Surrogate.

Diese These von Johann Baptist Metz halte ich für ungemein plausibel: Sie scheint mir wahr zu sein, aber nicht die ganze Wahrheit. Darum möchte ich diese These von Johann Baptist Metz meinerseits durch folgende These ergänzen: Gerade die moderne Entdeckung der entfristeten, der »offenen« Weltzeit bringt den Fristcharakter der Zeit nicht etwa zum Verschwinden, sondern – im Gegenteil – gerade sie radikalisiert zugleich diesen Fristcharakter, indem sie ihn nun ganz und gar auf jene Zeit verlagert und konzentriert, die für uns Menschen am unvermeidlichsten Frist ist: die endliche Lebenszeit unseres eigenen Lebens, das also, was Blumenberg als jene »Episode« charakterisiert, die jeder von uns ist. Anders gesagt: Für die Philosophie wird – kompensatorisch zur modernen Entfristung der Heilszeit zur Weltzeit – die Zeit gerade modern wie nie zuvor radikal zur Frist: als endliche Lebenszeit des einzelnen Menschen. Sie wird es in unserem Jahrhundert vor allem durch die Philosophie des menschlichen »Seins zum Tode«. Ich nehme hier diese Formel von Martin Heidegger auf, aber sie interessiert mich hier weder als Formel des »verstandenen Todes« und Beitrag zur Thanatologie noch als Formel der Todessucht im Zeichen der »Menschheitsdämmerung« und Lebenshärte, sondern als Formel einer nüchternen Temporalphänomenologie der menschlichen Lebenskürze, die philosophisch wichtig wird, wo – modern und heute – die befristete Zeit soteriologischer Finalität thematisch ersetzt wird durch die befristete Zeit menschlicher Mortalität. Als Beitrag zu einer solchen Phänomenologie – mit dem wesentlichen Befund: Die Zeit eines jeden Menschen ist endlich und knapp, sie ist befristet, das Leben ist kurz – möchte ich hier einige Überlegungen formulieren, und zwar in folgenden vier Abschnitten: 1. Vita brevis; 2. Forcierung der Schnelligkeit; 3. Kompensatorische Langsamkeit; 4. Multitemporalität. Ich beginne – den Üblichkeiten entsprechend – mit Abschnitt:

1. Vita brevis

Seneca hat in seiner Schrift *De brevitate vitae* die Klagen über die Kürze unseres Lebens zurückgewiesen. Unser Leben – meinte er – ist nicht kurz, sondern wir machen es kurz, indem wir unsere Lebenszeit an Dinge verschwenden, die nicht der Mühe wert sind. Seine Beispiele sind überaus aktuell: Da ist der Patron, der für seine Klienten von Termin zu Termin hetzt und darüber sein eigenes Leben vergisst; da ist der Patrizier, der mit seinem Friseur stundenlang darüber diskutiert, ob das einzige verbliebene Haar auf seinem Kopf zu einer Rechtslocke oder zu einer Linkslocke verarbeitet werden soll. Sie vergeuden ihre Zeit und versäumen ihr Leben: Das Leben ist nicht kurz, sondern wir machen es kurz, durch Zeitvergeudungen. Aber gerade dieses Argument von Seneca – so zutreffend es ist – setzt die Kürze unseres Lebens voraus. Hätten wir beliebig viel Zeit, könnten wir beliebig viel Zeit vergeuden, ohne Zeit zu verlieren; es gäbe ja immer wieder neue. Die aber gibt es gerade nicht. Unsere Zeit besteht eben nicht aus beliebig viel Zeit, denn unsere Lebenszeit ist endlich, unser Leben ist kurz. Das bedeutet: Zeit ist – als originäre Gegebenheit unserer Lebenserfahrung – gerade keine aus dem Unbestimmten ins Unbestimmte weiterfließende gleichförmige Folge von Gegenwarten (also auch keine Dauer à la Bergson), der es egal ist, ob einer von uns eine Strecke und welche Strecke er in ihr besetzt, sondern die Zeit ist endlich: Sie wird immer weniger, sie verrinnt, läuft ab und aus, und niemand von uns kann sie anhalten und festhalten und ihren Schwund stoppen. Die Zeit ist primär unsere Lebenszeit: Sie ist, als die Zeit, die wir (bis zu unserem Tode) noch haben, stets nur derjenige knappe Aufschub, der uns noch gewährt ist und bald – nach kurzer Frist – nicht mehr gewährt sein wird; denn jedermanns gewisseste Zukunft ist sein Tod. Zeit ist also – entsprechend der wichtigsten Zeiterfahrung, die wir machen – endlich: Zeit ist Frist, und wir Menschen wissen das, denn wir »sind zum Tode«. Das – diese Endlichkeitserfahrung unserer Zeit – ist kein »nur subjektives Zeiterlebnis«; vielmehr: Verglichen mit der objektiven und messbaren Weltzeit – die wir brauchen mindestens als Ferien von der Frist, als Entlastung von der Endlichkeit, als Urlaub vom Sein zum Tode –, verglichen mit dieser objektiven und messbaren Weltzeit, ist unsere todesbegrenzte Lebensfrist die realere Zeit, weil wir sie selber wirklich durchleben und durchsterben müssen. Diese Zeit ist knapp: Die knappste aller knappen Ressourcen ist unsere Lebenszeit. Wir kommen spät und gehen früh, und die Strecke dazwischen, die unser Leben ist, ist, wie lang sie auch sein mag, kurz. Denn wir Menschen sind stets Spätgeborene; wo wir anfangen, ist nicht der Anfang: Wir fangen nicht *ab ovo* an, sondern *a galina* (als Hermeneutiker, das merken Sie, bin ich bei der Frage nach Henne und Ei kein Ovist, sondern Galinist); und unser Tod, wie lang er auch zögert, kommt immer allzubald. Wir sind »geworfen«, also geboren ins »Sein zum Tode«, oder (um es diesseits aller existentialistischen Emphase zu sagen): Wie die Natalität beträgt auch die Mortalität in der menschlichen Gesamtpopulation nach wie vor durchschnittlich 100 Prozent. Anders formuliert: Das menschliche Leben ist kurz, *vita brevis*.

Es ist – darauf möchte ich nunmehr genauer hinweisen – stets so kurz, dass es uns bestimmte temporale Lebensformen aufzwingt, vor allem jene Zeitverfassung, die ich nennen möchte: das temporale Doppelleben. Denn – wenn ich es richtig sehe – aus der Kürze unseres Lebens folgt mindestens dreierlei.

Erstens: Unsere Zeit ist Frist, das Leben ist kurz; darum können wir nicht beliebig lange warten, sonst verpassen wir unser Leben, denn unsere Zukunft ist – todesbedingt – kurz. So müssen wir also ungeduldig sein und eilen. Was wir – verändernd, verbessernd – an Neuem erreichen wollen, müssen wir schnell erreichen. Wir müssen es schneller erreichen als der schnelle Tod uns erreicht, sonst erreichen wir es gar nicht. So gilt: Die Kürze unseres Lebens – also dass unsere Zeit endlich, dass sie Frist ist – zwingt uns Menschen zur Schnelligkeit.

Zweitens: Unsere Zeit ist Frist, das Leben ist kurz; darum können wir nicht beliebig viel Neues erreichen, uns fehlt – ganz elementar – die Zeit dazu; denn unser Tod – wie lange er auch zögert – kommt einfach zu schnell für zu viele Innovationen. Das limitiert unsere Veränderungsfähigkeit – unsere Schnelligkeit – und bindet uns dadurch so fest an unsere Vergangenheit, also an das, was wir schon waren und sind, dass wir ihr nicht in beliebigem Umfang enteilen können. Weil wir – sozusagen – nicht beliebig schnell und nicht beliebig weit aus unserer Herkunftshaut hinauskönnen, bleiben wir trotz aller Schnelligkeit langsam, so dass gilt: Die Kürze unseres Lebens – also dass unsere Zeit endlich, dass sie Frist ist – zwingt uns Menschen zur Langsamkeit.

Drittens: Unsere Zeit ist Frist, das Leben ist kurz; darum haben wir nicht die Wahl, ob wir schnell oder langsam leben wollen, sondern wir müssen – unvermeidlicherweise – stets beides: schnell leben und langsam leben, Eiler und Zögerer sein. Unsere Lebenskürze – die Endlichkeit unserer Lebenszeit – zwingt uns dazu, und das ist – meine ich – gut so; denn dieses temporale Doppelleben schützt uns – als eine Art Gewaltenteilung der Zeit – vor temporalen Gleichschaltungen: davor, nur – zukunftshungrig – schnell oder nur – herkunftsdominiert – langsam zu leben. Das gilt für die Zeit jedes Menschen, und es gilt ebenso für die moderne und gegenwärtige Zeit, die beides forciert: unsere Schnelligkeit und unsere Langsamkeit. Dadurch scheint sie uns zwar zu zerreißen; aber gerade das müssen wir aushalten. Wir müssen – auch und gerade in der modernen Welt – beides leben, unsere Schnelligkeit und unsere Langsamkeit, unsere Zukunftsbegierde und unsere Herkunftsbezogenheit, sonst leben wir unser Leben nur halb. Dazu einige Hinweise in den beiden folgenden Abschnitten, zunächst – presto – im Abschnitt:

2. Forcierung der Schnelligkeit

Die Menschen – das ist die eine Seite ihres temporalen Doppellebens – sind durch ihre Lebenskürze – dadurch, dass ihre Zeit endlich, dass sie Frist ist – zur Schnelligkeit gezwungen. Die moderne Welt forciert diese Schnelligkeit. Sie verstärkt die Schnelligkeit so sehr, dass dadurch die menschliche Langsamkeit besiegt zu werden und abzusterben scheint: Jetzt scheint allein das schnelle Leben übrigzubleiben.

Darum erfährt sich – vor allem Reinhart Koselleck hat das begriffsgeschichtlich gezeigt – die moderne Welt temporal zunehmend als beschleunigter Prozess: sie wird – durch »Verzeitlichung« – zur Fortschrittswelt, deren Innovationstempo wächst und deren Veraltungsgeschwindigkeit zunimmt, und zwar immer mehr; philosophisch hat das vor allem Hermann Lübbe geltend gemacht. Möglich wird diese Steigerung der Veränderungsschnelligkeit durch ein spezifisch modernes Verfahren, nämlich durch die methodische Neutralisierung der menschlichen Langsamkeiten, vor allem der Traditionswelt. Die Modernisierungskräfte des Fortschritts operieren traditionsneutral: Nur so – traditionsneutral – kann die moderne Naturwissenschaft (welteinheitlich messend und experimentierend) immer schneller zu traditionsunabhängig überprüfbaren Ergebnissen kommen; nur so – traditionsneutral – kann die moderne Technik gewachsene Traditionswirklichkeit immer schneller durch artifizielle Funktionswirklichkeiten ersetzen; nur so – traditionsneutral – kann die moderne

Wirtschaft ihre Produkte immer schneller zu Waren des weltweiten Handels machen; nur so – durch traditionsneutrale Kommunikationssysteme – kann die moderne Informationstechnologie immer schneller immer mehr Informationen global kommunizierbar machen. Die moderne Fortschrittswelt ist Neutralisierungswelt: Je konsequenter die Herkunftstraditionen – die menschliche Langsamkeiten sind – methodisch neutralisiert werden, desto schneller wird der Fortschritt, so dass gerade dadurch eintritt: Die Menschen werden das, was Menschen – getrieben durch die Endlichkeit ihrer Zeit, die Kürze ihres Lebens – ohnehin sein müssen, modern in zunehmend verstärktem Maße, nämlich schnell, als immer schnellere Menschen in einer immer schnelleren Welt.

Unbestreitbar bringt diese schnelle Welt uns Lebensvorteile. Zugleich aber leben wir nicht behaglich in dieser immer schnelleren Neutralisierungswelt, die im Übrigen dazu neigt, das Neutralisierte auszurangieren: es zu vergessen oder wegzuwerfen, und zwar mit wachsender Fortschrittsgeschwindigkeit in wachsendem Maße. Darum kommen wir mit dem Veränderungstempo dieser modernen Neutralisierungswelt – die sich zur Vergessensgesellschaft und Wegwerfgesellschaft steigert – immer weniger mit. Die Zeitkritiker – unsere Jammerathleten und Kassandren vom Dienst – beklagen das ihrerseits mit zunehmender Empörungsgeschwindigkeit: Sie halten – in Bezug auf die moderne, die bürgerliche Welt – die Wacht am Nein. Die einen wollen ihr die Schnelligkeit verbieten, die anderen die

Langsamkeit; in beiden Fällen wird der Mensch – der zeitknappheitsbedingt schnell *und* langsam sein muss – halbiert und seine Welt wird zur Halbwelt und seine Zeit wird zur Halbzeit. Darum kommt es – zwecks Kritik der lamentierenden Halbvernünfte: also um die Halbierung der Wahrnehmung der modernen Welt und der modernen Menschen zu vermeiden – darauf an, in dieser wandlungsbeschleunigten Welt nicht nur den schnellen, sondern auch den langsamen Menschen zu bemerken. Das versuche ich – lento – im Abschnitt:

3. Kompensatorische Langsamkeit

Denn – das ist die andere Seite ihres temporalen Doppellebens – die Menschen sind durch ihre Lebenskürze – dadurch, dass ihre Zeit endlich, dass sie Frist ist – zugleich zur Langsamkeit gezwungen. Die moderne Welt aber verändert sich schnell und immer schneller. In dieser schnellen – ständig neu und dadurch ständig fremd werdenden – Welt müssen die Menschen (endlichkeitsbedingt) dennoch langsam, herkunftsbezogen und in vertraut bleibenden Verhältnissen leben. Wie kann das gelingen?

Ein sinnenfälliges Beispiel, wie man das – dieses Mitnehmen der eigenen Langsamkeit ins Schnelle – macht, liefern uns die ganz jungen Kinder. Sie – für die die Wirklichkeit unermesslich neu und fremd ist – tragen ihre eiserne Ration an Vertrautem ständig bei sich und überall mit sich herum: ihren Teddybären. Kinder kompensieren ihr Vertrautheitsdefizit durch Dauerpräsenz des Vertrauten: durch – wie Freud das nannte – ein »Übergangsobjekt«, ein *transitional object*, beispielsweise durch ihren Teddybären. In der wandlungsbeschleunigten und eben dadurch stets aufs Neue unvertrauten und fremd werdenden modernen Welt brauchen und haben auch die Erwachsenen – etwa die Bildungsbeflissenen unter ihnen – ihre Teddybären, z. B. indem sie Klassiker mit sich führen: die, bei denen man immer schon zu wissen glaubt, woran man mit ihnen ist; und so kommt man dann etwa: mit Goethe durchs Jahr; mit Beethoven durch Bonn; mit Habermas durchs Studium; mit Reich-Ranicki durch die Gegenwartsliteratur; und so fort.

Das gilt allgemein: Je schneller die Zukunft modern für uns das Neue – das Fremde – wird, desto mehr Vergangenheit müssen wir – teddybärgleich – in die Zukunft mitnehmen und dafür immer mehr Altes auskundschaften und pflegen. Darum wird gegenwärtig zwar mehr vergessen und weggeworfen als je zuvor; aber es wird gegenwärtig auch mehr erinnert und respektvoll aufbewahrt als je zuvor: Das Zeitalter der Entsorgungsdeponien ist zugleich das Zeitalter der Verehrungsdeponien, der Museen, der Naturschutzgebiete und Kulturschutzmaßnahmen: der Denkmalpflege, der Hermeneutik als Altbausanierung im Reiche des Geistes, der Ökologie, der erinnernden Geisteswissenschaften. Weil die Menschen in der modernen – der wandlungsbeschleunigten und dadurch zunehmend diskontinuierlichen – Welt ihre Kontinuität besonders schützen müssen, entsteht gerade und nur in ihr der historische Sinn, der mehr als die Veränderlichkeit von Wirklichkeiten die Grenzen dieser Veränderlichkeit erfährt: Der historische Sinn ist – wenn ich das richtig sehe – vor allem der Sinn für Kontinuitäten, für Langsamkeiten. Das gilt auch für den ästhetischen Sinn, zu dem es ebenfalls erst in der modernen Welt kommt, kompensatorisch zu ihren wachsenden Schnelligkeiten: Wichtiger als das – im Übrigen ganz und gar unverzichtbare – Innovatorische ist auch und gerade bei der modernen, der ästhetischen Kunst, dass sie sehr langlebig sensibilisiert und orientiert. Wenn Kunstwerke uns erst einmal für sich eingenommen haben, werden wir sie nicht oder nur sehr langsam wieder los. So kommt in die wandlungsbeschleunigte, die schnelle Welt die Langsamkeit hinein, die die Menschen in ihr brauchen. Vor allem aber sind da die Traditionen, die – ungeachtet ihrer Neutralisierung zugunsten der modernen, der schnellen Rationalisierungen – in der modernen Welt begrüßenswert bunt und vielgestaltig – sozusagen multikulturell – und dadurch individualitätsfreundlich vorhanden sind: in der Regel intakter, als wir es wahrhaben wollen. Unter ihnen haben alte Üblichkeiten einen besonderen Vorteil: Gerade in einer Welt mit hoher Innovationsgeschwindigkeit sind alte Lebensformen am wenigsten veraltungsanfällig, weil sie schon alt sind. Mit einem Satz: die modernen Menschen bleiben – trotz der modern zunehmenden Schnelligkeit – das, was die Menschen – limitiert durch die Endlichkeit ihrer Zeit, die Kürze ihres Lebens – ohnehin bleiben müssen, nämlich langsam; denn die modernen Menschen – gerade sie – kompensieren die wachsende Schnelligkeit durch Langsamkeitspflege, durch Bewahrungskultur.

Dabei kann die Fortschrittsschnelligkeit selber in den Dienst der menschlichen Langsamkeit treten. Wer schnell ist, gewinnt Zeit; und die so gewonnene Zeit kann als Möglichkeit genutzt werden, sich Zeit zu lassen, also nicht schnell sein zu müssen, sondern langsam zu leben. So eröffnet z. B. die aus der Steigerung der Produktionsschnelligkeit resultierende Arbeitszeitverkürzung – von der täglichen über die wöchentliche und jährliche bis zur Gesamtlebensarbeitszeitverkürzung – dem modernen Menschen die Chance, nicht mehr nur schnell, sondern zugleich auch langsam zu leben. Im Übrigen gehört zum wachsenden Veraltungstempo der modernen Welt das wachsende Tempo der Veraltung auch ihrer Veraltungen. Je schneller das Neueste zum Alten wird, desto schneller kann Altes wieder zum Neuesten werden: jeder weiß das, der nur ein wenig länger schon lebt. Darum darf man sich beim modernen Dauerlauf Geschichte – je schneller sein Tempo wird – zugleich unaufgeregt überholen lassen und warten, bis der Weltlauf – von hinten überrundend – wieder bei einem vorbeikommt. Immer häufiger gilt man dann bei denen, die überhaupt mit Avantgarden rechnen, vorübergehend wieder als Spitzengruppe: So wächst – aufgrund der Wandlungsbeschleunigung in beschleunigtem Maße – modern gerade durch Langsamkeit die Chance, auf der Höhe der Zeit zu sein. Die Menschen: Was sie in dieser schnellen und immer schneller werdenden modernen Zeit zugleich müssen, das können sie darum auch; nämlich langsam leben.

Meine Betrachtungen über die Endlichkeit der Zeit beende ich im abschließenden Abschnitt:

4. Multitemporalität

Die Menschen – das ist ihr temporales Doppelleben – sind zugleich zur Schnelligkeit und zur Langsamkeit gezwungen. Das hatte ich im ersten Abschnitt angedeutet. Im zweiten Abschnitt hatte ich betont: Gerade die modernen Menschen leben zunehmend schnell. Im dritten Abschnitt hatte ich betont: Gerade die modernen Menschen leben weiterhin langsam. Die temporale Entzweiung, die dadurch entsteht und jeden einzelnen Menschen befällt, darf nicht beseitigt, sondern muss ausgehalten werden. Dieses temporale Doppelleben aber wird erzwungen durch jene Endlichkeit, jene Fristhaftigkeit der menschlichen Zeit, die ich – ein notorischer Skeptiker – unterstrichen hatte durch den Satz: Das Leben ist kurz, *vita brevis.*

Dieser Satz über die temporale Endlichkeit der Menschen ist ein Satz der Lebenserfahrung, also wohl kein apriorischer, sondern ein empirischer Satz. Es gibt Philosophen, die mit solchen Sätzen Schwierigkeiten haben. Wenn Philosophen wirklich reine Philosophen sind – also etwa reine Transzendentalphilosophen, die ihre reine Transzendentalphilosophie streng nach dem Königsberger Reinheitsgebot von 1781 brauen – dürfen sie – diese Apriorisüchtigen – nicht, was ein Skeptiker darf. Denn ein Skeptiker – vor allem, wenn er ein dicker Skeptiker ist, einer mit Lebenserfahrungsappetit und entsprechendem *embonpoint de vue* – darf einen empirischen, einen Satz der Lebenserfahrung zum Grundsatz seiner Philosophie machen, eben diesen: Das Leben ist kurz, *vita brevis*.

Dieser Satz bekräftigt die anthropologische These vom Menschen als Mängelwesen temporal: Der Mensch ist das Zeitmangel-Wesen, seine temporale Primärerfahrung ist eine Knappheitserfahrung. Nur wer nicht weiß, dass er sterben muss, spürt diesen Zeitmangel nicht. Der Mensch aber, der »zum Tode« »ist«, erfährt seine Zeit als knapp, und zwar – das möchte ich den bisherigen Überlegungen jetzt betont hinzufügen – nicht nur, weil sein Leben kurz ist, sondern vor allem auch, weil jeder von uns in dieser Welt – zwischen der einzigen Geburt, durch die er selber zur Welt kommt, und dem einzigen Tod, den er selber sterben muss – nur ein einziges Leben hat: nur eine einzige Lebenszeit. Man lebt nur einmal und hat nur eine Lebenszeit zur Verfügung. Nicht nur durch ihre jeweilige Kürze also, sondern auch durch diese jeweilige Einzigkeit ist unsere Zeit endlich.

Freilich: wir sind nicht allein auf der Welt. Es gibt nicht nur den jeweils Einzelnen, sondern es gibt auch die Anderen, unsere Mitmenschen, die, weil sie viele sind, viele Leben und Lebenszeiten leben, an denen wir teilnehmen können und dadurch – in gewisser Hinsicht – auch ihre Leben haben: auch ihre Lebenszeiten.

Gerade weil wir trotz der Einzigkeit unserer Lebenszeit mehrere – viele – Lebenszeiten brauchen, brauchen wir unsere Mitmenschen: Die Kommunikation mit ihnen ist für uns – zeitmangelkompensatorisch – die Chance, trotz der Einmaligkeit unseres Lebens viele Male zu leben, also trotz der Einzigkeit unserer Lebenszeit viele Lebenszeiten zu haben, die zugleich – z. B. weil diese Lebenszeiten der Anderen teils vor unserer Lebenszeit beginnen und teils nach unserer Lebenszeit aufhören oder mit Lebenszeiten verflochten sind, die vor unserer eigenen Lebenszeit beginnen und nach ihr aufhören – unsere kurze Zeit länger machen. Das Mitsein mit den Mitmenschen ist – wenn der Mitmensch nicht gerade ein Zeitdieb ist, der Zeit nur stiehlt (was man übrigens, fürchte ich, auch durch öffentliche Vorträge tun kann) – für uns die Möglichkeit, mehr Zeit zu haben als wir haben: denn geteilte Zeit ist vielfache Zeit. Diese Pluralisierung unserer Lebenszeit – als Lebenspluralisierung – brauchen wir; und wir bekommen sie von unseren Mitmenschen, und zwar durch das, was man nennen kann: die mitmenschliche Multitemporalität. Mit so vielen Mitmenschen einer als Mitzeitler kotemporiert, so viel mal ist er ein Mensch: durch diese Multitemporalität, die die Menschlichkeit steigert. Wenn man die Zeit – wie ich das hier versucht habe – nicht von der Heilszeit und ihren Surrogaten und nicht von der Weltzeit aus, sondern von der eigenen endlichen Lebenszeit her versteht, dann gilt: Wichtiger als die Einheit der Zeit ist die mitmenschliche Multitemporalität.

Damit berühre ich – am Schluss meiner Überlegungen – jene Frage, die der Gastgeber unserer Tagung – Hans Michael Baumgartner – uns ans Herz gelegt und in seinem Einladungsbrief folgendermaßen formuliert hat: »Ob und wie (verweisen) die verschiedenen Zeitkonzepte« – zu denen, meine ich, auch die mitmenschliche Multitemporalität, die vielen Lebenszeiten unserer Mitmenschen gehören – »je für sich und untereinander auf einen gemeinsamen Boden, auf eine zugrunde liegende Zeitvorstellung ..., an der wohl festgehalten werden muss, wenn die Rede von der Zeit den mit ihr beanspruchten einheitlichen Sinn bewahren soll?«, und: »Wie wäre diese ›Zeit der Zeiten‹ ihrerseits zu bestimmen?« Habe ich – in meinem Vortrag – diese Frage beantwortet? Keineswegs. Doch es steht nirgends geschrieben, dass ein philosophischer Vortrag – auch wenn es ein öffentlicher Vortrag ist – keine Fragen offenlassen darf. Ohnehin ist ein Skeptiker, wie ich einer bin, geübt primär im Offenlassen von Fragen, im Unterschied etwa zu einem Transzendentalphilosophen, wie Hans Michael Baumgartner einer ist, der geübt ist primär im Beantworten von Fragen. Darum spiele ich – indem ich selber wiederhole: Wichtiger als die Einheit der Zeit ist die mitmenschliche Multitemporalität –, ich spiele darum die transzendentalphilosophisch zentrale Frage nach der Einheit der Zeit und der ›Zeit der Zeiten‹, die Du, lieber Michael, auch mir zugespielt hattest, jetzt – das ist ja unser bewährter transzendentalphilosophisch-skeptischer Doppelpass – zu Dir zurück: als offene Frage.

Mit dieser offenen Frage, meine Damen und Herren,

beende ich meinen Vortrag, um Ihre Zeit nicht länger in Anspruch zu nehmen; denn es neigt sich der Tag, die Zeit ist endlich und das Leben ist kurz.

Anmerkungen

1 Hans Blumenberg, *Lebenszeit und Weltzeit*, Frankfurt a. M. 1986.

2 Johann Baptist Metz, »Theologie versus Polymythie oder Kleine Apologie des biblischen Monotheismus«, in: Odo Marquard (Hrsg.), *Einheit und Vielheit. XIV. Deutscher Kongreß für Philosophie, Gießen, 21.–26. September 1987*, Hamburg 1990, S. 170–186.

Vernunft und Humor

Vom Sieg des So-ist-es über das So-hat-es-zu-sein

Meine wissenschaftliche Kompetenz für das genannte Thema ist sicher – das werde ich gleich unter Beweis stellen – ganz und gar unzureichend, was – frei nach Kant – schon für sich allein genommen ein plausibler Grund ist, darüber einen Vortrag zu halten. Zusätzlich scheint mir auch heute und erneut die Frage aktuell, auf die ich mich hier konzentrieren möchte: Wie kommt es und was bedeutet es, dass die moderne Welt – die Ära der Rationalisierungen: die Zeit der Vernunft – zugleich zum Zeitalter des Humors wird? Im Blick auf diese Frage erörtere ich hier das Verhältnis von Vernunft und Humor, und ich tue das in vier Abschnitten, die ich folgendermaßen überschreibe:

1. Grenzreaktionen der Ausgrenzung
2. Grenzreaktionen der Einbeziehung
3. Rationalisierung und Humor: eine Kompensationsgeschichte
4. Vom Sieg des So-ist-es über das So-hat-es-zu-sein

Ich beginne meine Überlegungen – den Üblichkeiten entsprechend – mit Abschnitt:

1. Grenzreaktionen der Ausgrenzung

Der Ausdruck »Grenzreaktionen« stammt von Helmuth Plessner. Er hat ihn für Menschliches geprägt, das meist als Allzumenschliches gilt: für Lachen und Weinen. Die Menschen – sie allein – lachen oder weinen, und sie tun das, wo eine Konvention, ein Erwartungshorizont, eine Sichträson an Grenzen gerät und diese Grenzen über den Haufen wirft durch »Kapitulation« vor dem Zwang zur Anerkenntnis dessen, was nicht in den Kram passt und trotzdem ist. Darum darf man vielleicht sagen: Beide Grenzreaktionen – Lachen und Weinen – sind »So-ist-es-Reaktionen«, die insofern etwas Kognitives und Vernunftartiges sind. Just das ermuntert zur Vermutung: Die menschliche Vernunft hat mehr mit Lachen und Weinen zu tun, als sie normalerweise anzuerkennen bereit ist: mehr mit dem Weinen, als die fundamentale Unerschütterlichkeit einer präzisionspedantisch methoden-kühlen Vernunft, die auf Messen und Berechnen und Verfügen aus ist, wahrhaben will, und mehr mit dem Lachen, als es der moralischen Empörung, die mit dem Weltgericht unverzüglich ernst und nur noch ernst machen will, lieb sein kann. Darum ersetze ich hier den Satz, dass die Vernunft nicht lachen und nicht weinen darf, durch den Satz, dass Lachen und Weinen das paradigmatisch Vernünftige sind. Freilich: Wer dieserart die Vernunft selber in den Umkreis der Grenzreaktionen rückt, bindet sie elementar an das, was begrenzt ist: das Endliche; denn endlich ist eben das Nichtubique, was nicht jederzeit und überall, sondern nur unter anderem ist und darum Grenzen hat und – im ausgezeichneten, insbesondere im menschlichen Fall – just dadurch die Chance, auf Schwierigkeiten mit diesen Grenzen zu reagieren durch Grenzreaktionen. Zu diesen Grenzreaktionen – das ist hier meine These – gehören das Lachen des Humors und die menschliche Vernunft.

Die Vernunft gehört zu diesen Grenzreaktionen einerseits, indem sie Grenzen schließt und ausgrenzt, so dass gilt: Was – für eine Philosophie, eine Zeit, eine Welt – das Vernünftige ist, wird genau dann klar, wenn man zeigen kann, was für sie das Unvernünftige ist: was sie nicht sein will, das Tabuierte, das Verdrängte. Sie schloss aus und schließt aus, und zwar vor allem dadurch, dass sie Wirkliches, das ihr nicht in den Kram passte, veruneigentlichte, d. h. zum minder Wirklichen oder Nichtigen umstilisierte. Die Vernunft schloss aus: indem sie aufs Ewige aus war, das Zeitliche, indem sie aufs Bleibende aus war, das Veränderliche, indem sie aufs Unendliche aus war, das Endliche, indem sie aufs Geistige aus war, das Sinnliche, indem sie aufs Notwendige aus war, das Zufällige und Kontingente, indem sie aufs Allgemeine aus war, das Vereinzelte, indem sie aufs Rationale aus war, das Affektive, indem sie aufs Unbezweifelbare aus war, das, »woran man zweifeln kann«, indem sie aufs Unbedingte aus war, das nur Faktische und Historische, und so fort: Die Vernunft – womöglich zunehmend radikal – schloss aus und schließt aus.

Darum ist der Versuch aktuell geworden und geblieben, die Vernunft ausdrücklich durch ihre Ausgrenzungen zu definieren. Ich darf erinnern: In seiner vor fast

40 Jahren im Collège de France gehaltenen Antrittsvorlesung »L'ordre du discours« hat Michel Foucault – sein Arbeitsprogramm zusammenfassend – in Bezug auf den Diskurs, den Logos, also das Reden der Menschen und seine rationale Zähmung »Ausschließungsprozeduren« – also Verbote, Verdrängungen, Ausgrenzungen des Wahnsinns, des Sexuellen, des Nichtreferentiellen – als konstitutive Mechanismen der Ordnung des Diskurses zur Vernunft beschrieben: Die Vernunft etabliert sich durch Ausgrenzungen. Das ist – wenn ich es richtig sehe – die spezifizierende, detailfreudigere Reprise jenes Programms, das vor fast 80 Jahren in seiner Freiburger Antrittsvorlesung »Was ist Metaphysik?« Martin Heidegger entwickelt hat: Die Vernunft – als wissenschaftliche, d. h. als herkünftig metaphysische – intendiert »das Seiende, und sonst nichts«. Gerade dieses Sonstige aber, das sie ausschließt als das, was für sie »nichts« ist, muss man – meinte Heidegger – ins Spiel bringen, um jene Ausgrenzungsleistung wirklich zu verstehen, durch die seit der griechischen Metaphysik die abendländische Vernunft sich konstituiert. Man begreift, welche Minderheit von Tatbeständen sie durch Zuspruch des »ist« als vernünftig privilegiert, erst dann, wenn man sieht, welchen Realitäten sie – sie vergessend und verdrängend – das »ist« vorenthält: das sind – meinte Heidegger – die Endlichkeitsdimensionen der Zeit (vor allem, dass jedermanns Zukunft sein Tod ist und darum niemandes Herkunft beliebig weit distanzierbar); sie werden übersehen, wo die Zeit nur als Staffellauf der Gegenwarten gilt und das Seiende nur als das in

Reichweite, als grundsätzlich Gegenwärtiges. Das aber ist in der Metaphysik- und Wissenschaftstradition der Fall: Die abendländische Vernunft ist im Reiche der Zeit der Staatsstreich der Gegenwart. Darum also betonen beide Ansätze, der von Heidegger und der von Foucault: Die Vernunft der abendländischen Tradition – womöglich zunehmend radikal – schloss aus und schließt aus: sie etabliert und definiert sich als eine Grenzreaktion, die in Ausgrenzungen besteht.

2. Grenzreaktionen der Einbeziehung

Diese Grundannahme aber scheint mir ergänzungsbedürftig und überbietungsfähig; denn es ist – scheint mir – die Vermutung fällig: Die Vernunft – als Grenzreaktion – verrät am meisten über sich selber nicht dort, wo sie ausgrenzt und ausschließt, sondern dort, wo ihr dies nicht gelingt; also nicht dort, wo sie das, was ihr nicht in den Kram passt, abwehrt und verdrängt, sondern dort, wo sie es einzubeziehen bereit und fähig ist; also nicht dort, wo sie Grenzen schließt und dadurch Wirklichkeiten ausgrenzt, sondern dort, wo sie Grenzen öffnet und zusätzliche Wirklichkeiten einlässt: wo sie im offiziell Geltenden das Nichtige und im offiziell Nichtigen das Geltende sichtbar werden lässt. Die Vernunft ist nicht nur jene Grenzreaktion, die ausgrenzt, sondern vor allem auch jene Grenzreaktion, die einbezieht: Sie ist nicht nur ausgrenzende Vernunft, sondern vor allem auch einbeziehende Vernunft.

Ich meine nun: Es ist lohnend und nötig, diese einbeziehende Vernunft auch noch in ihrer physischsten Form aufzusuchen und aufzufinden: als jene Grenzreaktion, die das Lachen ist. Auch beim Lachen gibt es beide Grenzverhältnisse: das Schließen und das Öffnen der Grenzen, das Ausgrenzen und das Einbeziehen, wobei nicht das Ausgrenzen, sondern das Einbeziehen Sache des humoristischen Lachens ist. Joachim Ritter – mein philosophischer Lehrer – hat in seinem – schon genannten – Aufsatz »Über das Lachen« gezeigt: Weil und wo die offiziell herrschende und geltende Wirklichkeit Wirklichkeiten ausgrenzt oder ausschließt und als nichtig setzt, ist es das Lachen, das geltend macht, dass dieses offiziell Nichtige dennoch zu unserer Wirklichkeit gehört. Das Lachen – schreibt Ritter – hat die »eigentümliche Funktion, die dem Ernst nicht zugängliche Zugehörigkeit des Anderen zu der es ausgrenzenden Lebenswirklichkeit sichtbar zu machen«, »gleichgültig, ob dies nun in dem tieferen Sinn einer Kritik an der ernsten Welt selbst und ihrer Ordnung gemeint ist, oder ob dies der vitalen Freude am Reichtum des Lebens oder am Recht des Unsinns und Unverstands entspringt«. Des Lachen anerkennt, was – diesseits des offiziell Geltenden – auch noch ist: Es lässt im offiziell Nichtigen das Geltende und dadurch im offiziell Geltenden das Nichtige sichtbar werden, und zwar, indem es – als Grenzreaktion – entweder die Ausgrenzungen verstärkt oder die Ausgrenzungen abschwächt: als Auslachen, das Grenzen schließt und Wirklichkeiten weglacht, oder als humoristisches Lachen und Lachen über sich selbst, das – auch zu sich selber in Distanz gehend – Grenzen öffnet, so dass man sich dadurch neue Wirklichkeiten anlacht. Dem Humor – dem humoristischen Lachen – gelingt es dabei, »die Identität eines Ausgegrenzten mit den Ausgrenzenden herzustellen«: die Zugehörigkeit des Ausgeschlossenen.

Dazu gehört die Einbeziehung durch »Anspielung«, wie Wolfgang Preisendanz dies in seiner Konstanzer Antrittsvorlesung von 1970 »Über den Witz« gezeigt hat. Darin steckt insgesamt: Wir Menschen leben stets eine Mehrfachexistenz, mindestens ein Doppelleben: Wir existieren gleichzeitig in der offiziellen und der inoffiziellen Welt, und ebenso der Witz wie der Humor machen in der offiziellen Welt die inoffizielle Welt präsent. Für mich ist ein eindrucksvoll einschlägiges und schönes Beispiel jene Anekdote, die beim Heidelberger Deutschen Kongress für Philosophie von 1966 der mit Eifer mündlich herumerzählte Anekdotenrenner war: eine Niels-Bohr-Anekdote. Der dänische Physiker erhält Besuch auf seiner Skihütte. Der Blick des Besuchers fällt auf ein Hufeisen, das über der Skihüttentür angebracht ist. Verwundert fragt er Bohr: »Sie, als Naturwissenschaftler, glauben daran?« Darauf – unüberbietbar – Bohr: »Selbstverständlich glaube ich nicht daran. Doch man hat mir versichert, dass Hufeisen auch dann wirken, wenn man nicht an sie glaubt.« Wir leben gleichzeitig offiziell in der Emanzipationswelt, in der man nicht an Hufeisen glaubt, und inoffiziell in der Traditionswelt, in der man z. B. an Hufeisen doch glaubt: Wir sind beides, und das Lachen und der Humor machen das geltend: sie präsentieren das Ausschließende und zugleich die Zugehörigkeit des Ausgeschlossenen. Zugrunde liegt die Entzweiung der modernen Welt: unter den Bedingungen der modernen Entzweiung von Rationalisierung und geschichtlicher Lebenswelt besteht die einbeziehende Vernunft und ihre subversive Form, der Humor, darauf, dass wir in beiden leben. Der Humor unternimmt wie die einbeziehende Vernunft eine Art von Weltmischung, die die Entzweiung positiviert: So können wir in der Entzweiung leben. Just darum – meint Ritter – ist »in unserer Welt philosophisch, in der Erscheinung des Humors, dem Lachen eine Bedeutung zugefallen, durch die es gleichsam in den philosophischen Mittelpunkt der Welt gerückt [...] ist«: Der Humor – das ist seine einbeziehende Vernünftigkeit – stellt Ausgrenzungen in Frage und ist dadurch eine Form der Wiederkehr des Verdrängten: eine Form der einbeziehenden Vernunft.

Es liegt mir jetzt zunächst daran, für die moderne Welt die Zusammengehörigkeit der ausgrenzenden und der einbeziehenden Vernunft zu betonen. Das tue ich im Abschnitt:

3. Rationalisierung und Humor: eine Kompensationsgeschichte

Vor kurzem hat Richard Rorty in Überlegungen zur modernen »Kultur ohne Zentrum« auf Milan Kundera hingewiesen, der in seinem Essay »Die Kunst des Romans« von 1986 betont hat: Zur modernen Erfolgsgeschichte der »europäischen Wissenschaften«, deren »Krisis« Edmund Husserl 1936 phänomenologisch diskutierte, gehört die Parallelgeschichte des Siegeszugs der erzählenden Kunst des Romans, der – wie Kundera sagt – »europäischsten aller Künste«: Zu Galilei und Descartes und Newton und Einstein gehören Rabelais und Cervantes und Sterne und nicht nur Dickens, Tolstoi und Flaubert, sondern ebenso Gottfried Keller, Wilhelm Raabe, Theodor Fontane: also im 19. Jahrhundert die deutschen Romanciers des »poetischen Realismus« und »epischen Humors«, die Wolfgang Preisendanz einschlägig untersucht hat. Und Kundera bestätigt und bekräftigt die Ergebnisse von Preisendanz durch die These: Zur modernen Rationalisierungsgeschichte gehört die Geschichte des modernen Romans, des – wie Kundera sagt – »imaginären Paradieses der Individuen«, in dessen Welt der Ambiguität und Relativität »niemand alleiniger Inhaber der Wahrheit« ist, der also nicht aus dem Geist der Rationalisierung geboren ist, sondern – sagt er wörtlich – aus dem »Geist des Humors«.

Es liegt für mich – der ich in meiner Innung als Kompensationstheoretiker verschrien bin und dadurch als Geisterfahrer des Weltgeists gelte – nahe, diese neuzeitliche Parallelgeschichte als Kompensationsgeschichte zu begreifen: Das hat zwar den Nachteil, dass es einige Leute ärgert, aber immerhin den doch wohl tolerierbaren Vorteil, dass es zutrifft. Die moderne Welt – als Zeitalter der Rationalisierung – ist zugleich das Zeitalter des Ausrangierens, die Ära der Ausgrenzungen. Zur modernen Welt gehört, dass die Menschen – durch exakt wissenschaftliche, technische, ökonomische, informationelle Rationalisierungen – ihre Wirklichkeit in laborfähige Objekte und planbare Handlungen verwandeln. Das ist nur dort möglich, wo es mit Absicht – »methodisch« – gleichgültig wird, in welchen lebensweltlichen – sprachlichen, religiösen, kulturellen, familiären – Traditionen und Geschichten die Wisser und Macher und das Gewusste und Gemachte stehen: Die modernen Rationalisierungen leben von der vorsätzlichen Neutralisierung der lebensweltlichen Geschichten und sind insofern »geschichtslos«. Aber diese lebensweltlichen Geschichten – so konsequent sie auch ausgeklammert werden – verschwinden dadurch nicht, sondern sie suchen sich neue Organe, durch die sie – kompensatorisch – festgehalten werden. So reüssiert gerade modern der historische Sinn für die lebensweltlichen Geschichten, und das Geschichtliche wird nun – wie nie zuvor – zum großen Positivthema: Es erblüht die spezifisch moderne Erinnerungs- und Bewahrungskultur und ein Sinn für Landschaft und Natur durch die konservatorischen und ökologischen Maßnahmen, durch die Hermeneutik als Altbausanierung im Reiche des Geistes, durch die historischen Geisteswissenschaften und die Konjunktur der geschichtlichen Orientierung nach Rückwärts und Vorwärts. Zur innovationsbeschleunigenden Fortschrittsidee gehört die Suche nach kompensatorischen Langsamkeiten: nach Verweigerungs- und Kontinuitätskultur. Die Welt des Fortschritts braucht – kompensatorisch – den Hunger nach

Geschichten. Und dazu gehört zugleich der Siegeszug der erzählenden Kunst des Romans; nicht nur die »history« expandiert, sondern auch die »story«: *narrare necesse est.*

Dabei aber wird zentral: Zu dieser modernen Konjunktur der Geschichte gehört der Wichtigkeitsgewinn des Humors. Warum nun gerade des Humors?

Zum Humor gehört erstens, dass man sich auf das Wirkliche in seiner Konkretheit, Besonderheit, Tatsächlichkeit, seiner Alltäglichkeit – vive la bagatelle (Jean Paul) – selbst im nebensächlichsten Detail einlässt und sich der Buntheit des Endlichen aussetzt. Das ist – in Deutschland zeitlich nach der Desillusionierung der Sollenspflege und Spekulation des Deutschen Idealismus und der Ernüchterung der Dichtung der »Kunstperiode« – vor allem die Sache des »realistischen« Romans: Er macht – um die lebensweltlichen Geschichten wirklich in ihrer Wirklichkeit festzuhalten – die Realität dieser Geschichten in ihrer Tatsächlichkeit, Konkretheit und Endlichkeit geltend.

Zum Humor gehört zweitens die Distanz einschließlich der Distanz zu der Wirklichkeit, die man selber ist. Das Wirkliche, dem man sich aussetzt, ist oder wird zugleich das Wirkliche, zu dem man Abstand hält. Es ist vielleicht zweckmäßig, hier den Humor von dem zu unterscheiden, was – als Lebensform des Abstandhaltens, der Distanz – auch und in besonderer Form zur modernen Wirklichkeit gehört: Ich meine die Ironie, die insbesondere als romantische Ironie, in anderer Form als Kierkegaard'sche Ironie und dann, wenn meine zeitdiagnostischen Fähigkeiten mich nicht trügen, als Ironieformen nach dem Ende des Zweiten Weltkriegs die moderne Welt bewegt hat. Eine spätere Weise ist die Ironie-Philosophie von Richard Rorty, der die Ironie mit der Kontingenz zusammenbringt: diese – mir selber sehr sympathische – Philosophie der Ironie möchte ich hier ausklammern: denn das ist noch etwas anderes, zu dem ich mich hier nicht äußern möchte. Die romantische Ironie – sagt ihr schärfster Kritiker Hegel –, »die geniale göttliche Ironie hat Herr von Schlegel erfunden«: »Sie ist«, sagt Friedrich Schlegel, »die freieste aller Lizenzen, denn durch sie setzt man sich über sich selbst weg«; Hegel nennt sie »die selbstbewusste Vereitelung der Objektivität«: Es ist eine Schutzform: Der Ironiker will nicht mit der Aufgabe einer konkreten Realisierung belästigt werden, und der romantische Ironiker schützt sich davor, auf irgendetwas festgelegt zu werden, er schützt sich vor der Realisierung. Das tut – in anderer Form – auch Kierkegaard, der »Magister der Ironie«: Er schreibt über das, was ihm das Allerernsteste war, nämlich Gott, in »indirekter Mitteilung«: Er schrieb – um den Leser und sich selbst vor Gott zu schützen – nicht in der Form des Ernstes, sondern in der Form seines Gegenteils: des Scherzes, denn Ironie ist, etwas durch sein Gegenteil sagen. Kierkegaard – er »dichtet, anstatt zu sein«, und »seine Wirklichkeit ist bloße Möglichkeit« – schrieb über seinen Gott pseudonym, so dass er das, was er schrieb, zugleich dementierte: dieser Ironiker stand nicht – scheint es – für den Glauben und dementierte alles: Familie, Kirche, Amt, und ersetzte den »Apostel« durch das »Genie«, so dass er seine Leser und sich selber vor ihm schützte. Ironie ist Selbstschutz, der Ironiker will nicht mit der Wirklichkeit behelligt werden. Darum – als Selbstschutz vor der Wirklichkeit – wurde die Ironie nach dem Ende des Zweiten Weltkrieges zu einer Grundstimmung: aber darüber muss man sicher mehr Worte sagen, als ich hier sagen kann. Die Ironie will das Absolute; aber indem sie die ganze Wirklichkeit relativiert, unverbindlich und unernst macht, wird sie zum Schutz vor der Wirklichkeit: Sie flüchtet sich, indem sie selbst das Absolute scheint; darum ist sie Ironie und nicht Humor.

Zum Humor gehört darum drittens (und das scheint mir besonders wichtig), dass seine Distanz nicht durch Aufschwung ins Höhere, durch Auflösung ins Absolute entsteht, etwa indem das Wirkliche als Sprungbrett ins Erhabene oder als Moment einer eigentlichen und totalen Geschichte mit Heilserfolg durch finalen Rettungsschluss angesetzt wird, sondern indem bekräftigt wird, dass es ist, was es ist: nämlich das Nichtabsolute, das Nichthöhere, das Endliche inmitten von Endlichem. Man distanziert das Endliche nicht durch das Nicht-Endliche und Absolute, sondern gerade durch das Endliche. Darum muss der Humor, die humoristische Erzählung – das haben Wolfgang Preisendanz und der Humor eben überhaupt gezeigt – das Endliche, das er selber ist, mit viel anderem Endlichen in Verbindung bringen: Er muss – nach der schönen Formulierung von Wilhelm Raabe – »den winzigsten aller Nägel in die Wand oder die Hirnschale des hochlöblichen Publikums« schlagen, um »die ganze Garderobe der Zeit und aller vergangenen Zeiten daran« aufzuhängen: im realistischen Roman durch ein Erzählverfahren, das – wie mir scheint, in moderner und profaner Fortsetzung jener figuralen Lesung der Wirklichkeit, die Erich Auerbach durch seine Stilmischungsthese für den Ursprung des Realismus aus den erzählerischen Notwendigkeiten der biblischen Passionsgeschichte in Anspruch genommen hat – die typologische Wahrnehmung variiert und säkularisiert. Endliches zeigt sich als das Menschliche aber nicht dadurch, dass es aufhört, das Endliche zu sein, sondern dadurch, dass bekräftigt wird, dass es das Endliche ist. Endliches wird humoristisch nicht durch Unendliches, sondern durch anderes Endliche distanziert, und zwar durch möglichst vieles Endliche, indem man – sozusagen – die Endlichkeit auf die Schultern möglichst vieler Phänomene verteilt: Geteilte Endlichkeit ist lebbare Endlichkeit. Das Geheimnis des Humors ist so: Antireduktionismus zu sein und mehr Nichtabsolutes zu sehen und zu akzeptieren, also: mehr Endlichkeit zu wagen und zu realisieren, wie es ist: dass die Quintessenz über die Wirklichkeit ist, dass das Leben kurz ist und wir sterben müssen.

Meine Überlegungen in diesem dritten Abschnitt meines Vortrags machen also folgenden Kompensationstatbestand geltend: Die moderne Rationalisierung – die die Vernunft durch Ausklammerung, durch Neutralisierung der lebensweltlichen Geschichten als ausgrenzende Vernunft erfolgreich werden lässt – erzwingt als Kompensation die spezifisch moderne Ausbildung von

Organen der Einbeziehung gerade der lebensweltlichen Geschichten; und dazu gehört repräsentativ der realistische Roman mitsamt dem Humor. Darum wird die moderne Welt als Zeitalter der Rationalisierung zugleich – kompensatorisch – die Ära des realistischen Romans und die Epoche des Humors. Zur Erläuterung dieses Befunds diene hier der abschließende Abschnitt:

4. Vom Sieg des So-ist-es über das So-hat-es-zu-sein

Wolfgang Preisendanz, der Konstanzer Literaturhistoriker, hat in seinem Buch von 1963 »Humor als dichterische Einbildungskraft« als literaturtheoretisches Kernproblem dieses Zusammenhanges geltend gemacht durch die Frage: Wie kann der moderne Roman zugleich »realistisch« werden und gleichwohl »poetisch« bleiben? Wie macht er das: dass er – der sich dem Wirklichen und Tatsächlichen zuwendet – sich gleichwohl von der objektiven Tatsachenreportage unterscheidet? Wenn er die – durch Rationalisierung ausgeklammerten – lebensweltlichen Geschichten als Wirklichkeit festhalten will, muss er »realistisch« werden. »Poetisch« aber bleibt er, wenn er dabei – auch so die moderne »Entzauberung« der Wirklichkeit (Max Weber) durch »ästhetische« Bezauberung ausgleichend – humoristisch wird: Der Humor macht den realistischen Roman zur Dichtung. Zu dieser poetischen Leistung, zu einer solchen Entlastungsleistung (das möchte ich jetzt als abschließende These unterstreichen) ist der Humor nicht allein als »dichterische Entlastungsleistung«, sondern generell fähig, durch seine Strukturidentität mit der kognitiven Leistung der einbeziehenden Vernunft: Beide – Humor und einbeziehende Vernunft – sind Grenzreaktionen des Einbeziehens: nämlich So-ist-es-Reaktionen.

Diese These antwortet auf die ja wohl unausweichliche Frage: Wenn der Humor seine Versöhnungsleistung, seinen Verklärungseffekt, seinen Entlastungs- und Aufheiterungsertrag nicht durch Auflösung der gegebenen Wirklichkeit ins Höhere und Absolute erbringt: wodurch dann? Ich meine: Die Entlastungsleistung des Humors entsteht – wie der So-ist-es-Effekt der einbeziehenden Vernunft – dadurch, dass beide uns den Aufwand ersparen, Wirklichkeit zu verleugnen; der Erfreulichkeitsertrag von einbeziehender Vernunft und Humor entsteht durch den Sieg des So-ist-es über das So-hat-es-zu-sein. Beide vermindern die Anstrengung des Wegsehens: den Kraftaufwand für Notwendigkeiten, sich die Wirklichkeit für Handlungszwecke der Zukunft illusionär zurechtzumachen: Es kann der Illusionsaufwand zur Erzeugung und Aufrechterhaltung einer Sichträson, die der Wirklichkeitswahrnehmung vorschreibt, was die Wirklichkeit zu sein hat, entfallen, so dass diese sich nun – ohne Illusionsaufwand zu verlangen – zeigen kann, wie sie ist. Die Fiktion tritt ab zugunsten der Antifiktion. Einbeziehende Vernunft und Humor – als So-ist-es-Reaktionen – sperren sich dann nicht mehr dagegen, zu merken, wie die Wirklichkeit wirklich ist: Sie verzichten auf die Anstrengung, wirklichkeitsfremd zu bleiben. Der Erleichterungseffekt, der Lustgewinn, der Glücksertrag von Humor und einbeziehender Vernunft hängt damit zusammen, dass man sagen kann und darf: So ist es. Er entsteht – um es zu wiederholen – durch den Sieg des So-ist-es über das So-hat-es-zu-sein. Und darum kommt es – zugleich mit der Ausgrenzungsleistung der Rationalität – gerade in der modernen Welt zum Triumph des Humors.

Es mag – bei diesem Vortrag, der gleich zu Ende ist und den hier ein alter Mann hält – schließlich erlaubt sein, darauf hinzuweisen: dass gerade zum Alter dieser Sieg des So-ist-es über das So-hat-es-zu-sein gehört. Das Alter ist – meine ich – die Lebenszeit der Dominanz von einbeziehender Vernunft und Humor. Denn dort – im Alter – wird der Tod, der jedermanns gewisseste Zukunft ist, immer aufdringlicher: Er besiegelt, dass wir – wenigstens in diesem Leben – immer weniger Zukunft und schließlich gar keine Zukunft mehr haben. Darum werden gerade im Alter jene Illusionen überflüssig und können entfallen, die durch Zukunftskonformismus – sozusagen durch *future correctness* – entstehen, und es gelingt gerade dadurch: zu sehen und zu akzeptieren, wie es ist: durch Vernunft und Humor. Sie sind das So-ist-es-sagen-Können. Vernunft ist, was man macht, wenn nichts mehr zu machen ist; Humor ist, dass man lacht, wo nichts mehr zu lachen ist. Das ist die Lage des Alters angesichts des näher kommenden Todes. Vernunft ist, wenn man trotzdem denkt; Humor ist, wenn man trotzdem lacht. Diese bekannte und eindrucksvolle

Humor-Formel – »Humor ist, wenn man trotzdem lacht« – stamme, meinen viele, von Wilhelm Busch. Das ist unzutreffend: Aber niemand weiß offenbar, von wem sie wirklich stammt; ich schon gar nicht. Wirklich von Wilhelm Busch – dem geheimen Klassiker – stammt jener ebenfalls bekannte Zwölfzeiler über den Humor, der sich – wenn dort der Vogel für die Alten und der Kater für den Tod steht – auch als Aussage über das Alter hören lässt, mit der ich hier schließen möchte:

»Es sitzt ein Vogel auf dem Leim,
Er flattert sehr und kann nicht heim.
Ein schwarzer Kater schleicht herzu,
Die Krallen scharf, die Augen gluh.
Am Baum hinauf und immer höher
Kommt er dem armen Vogel näher.
Der Vogel denkt: weil das so ist,
Und weil mich doch der Kater frisst,
So will ich keine Zeit verlieren,
Will noch ein wenig quinquilieren
Und lustig pfeifen wie zuvor.
Der Vogel, scheint mir, hat Humor.«

Zum Lebensabschnitt der Zukunftsverminderung[1]

Es hilft nichts: Ich zähle jetzt zu den Alten. Radikal ist das Alter, wenn man es nicht als Bevorstehendes bemerkt, sondern es fast schon hinter sich hat. Es ist ein Lebensabschnitt gemäßigter, manchmal starker, manchmal auch fröhlicher Depression. Zum Alter gehört, über das Alter nachzudenken. So gibt es Literatur, etwa Marcus Tullius Ciceros *De senectute*, aber auch spätere, so – 1969 – Joachim Ritters *Alter als Elend und Glück*. Ich mache mir selber Altersgedanken. Ich finde es dabei nicht richtig, dass Wissenschaftler in ihren Vorträgen stets ganz Originelles sagen müssen, während Dichter das vorlesen dürfen, was sie lange vorher schon geschrieben und veröffentlicht haben, und die es nun – in Lesungen und dgl. – ständig wiederholen können und dürfen. Auch bei Wissenschaftlern, meine ich, bei Philosophen muss das zuweilen so sein: Ich jedenfalls mache – altersradikal – vom Wieder-Vorlesen hier Gebrauch. Ich habe ein langes Leben hinter mir und dabei nicht nur Unvernünftiges geschrieben: sonst wäre ich ja nicht in dieser Akademie. Ich biete hier eine Mischung von Patina und Innovation: Ich lese Altes von mir vor und Neues dazu und hoffe, dass Sie mir das nicht übelnehmen. So mache ich mir Gedanken darüber, ob und wie die Bürden des Alters durch Erleichterungen ausgeglichen – kompensiert – werden können. Dabei denke ich – unter anderem – an jene Entlastung, die man die Theoriefähigkeit des Alters nennen kann.[2]

Theorie meint dabei: sehen und sagen, wie es ist. Theoriefähigkeit ist dementsprechend die Fähigkeit, illusionsresistent zu sehen und zu sagen: So ist es. Meine These ist hier: Alte Menschen sind in besonderem Maße theoriefähig; denn zum Alter gehört – mindestens – das Ende jener Illusionen, die durch Zukunftskonformismen entstehen.

Unsere gewisseste Zukunft ist unser Tod. Im Alter wird diese Zukunft immer aufdringlicher. Aber der Tod ist jene Zukunft, die besiegelt, dass wir keine Zukunft mehr haben. Zum Alter – der Lebensperiode des Zukunftsschwundes – gehört, dass es uns – aus zunehmendem Mangel an Zukunft – immer schwerer fällt, Zukunftsillusionen zu entwickeln und aufrechtzuerhalten.

Eine der Zukunftsillusionen ist die Endlosigkeitsillusion. Die Zeit gehe endlos weiter, und wenn Zeit verstreiche, gebe es immer wieder neue. Das ist eine Illusion; denn angesichts der Frist zum Tode ist sie endlich: »knappe Zeit«, wie Harald Weinrich sagt. Wir werden alsbald keine Zeit und keine Zukunft mehr haben.

Eine andere Zukunftsillusion ist die Vollendungsillusion: Unsere Zeit sei die Zeit für die Vollendung von Werken, für die Vollendung unseres Lebens, für die Vollendung der Menschheitsgeschichte. Auch das ist eine Illusion; denn wir sind alsbald ohne Rücksicht auf Vollendungen am Ende. Unsere Mortalität besiegt unsere Finalität. Unser Tod ist stärker als unsere Ziele. Justament das Alter macht das evident. Gerade Vollendungsillusionen verlangen auch vom Merken und Sagen Rücksicht darauf, ob es der zukünftigen Vollendung diene. Im Leben nehmen wir auf diese Zukünfte – mit futuralem Opportunismus, in zukunftstaktischem Gehorsam, durch *future correctness* – Rücksicht. Man erlaubt sich, nur das zu merken und zu sagen, was die Vollendungen nicht gefährdet und die Handlungsfähigkeit nicht beeinträchtigt: was einem die Zukunft nicht allzu unangenehm macht, z. B. womit man nicht zu vielen Leuten (einschließlich unserer selbst) auf die Füße tritt. Unser Blick auf die Wirklichkeit ist darum illusionsbereit und illusionsanfällig, denn er ist durch unsere Zukunft bestechlich. Diese Bestechlichkeit nimmt mit zunehmendem Alter ab, weil wir immer weniger Zukunft haben und schließlich an jenem Ende sind, das kein Ziel ist: dem Tod.

So steht es im Alter auch mit der Theorie: Sie muss auf immer weniger Zukunft Rücksicht nehmen. Darum kann sie immer ungehemmter sehen und sagen, was ist: vor allem auch das, was nicht in den Kram passt.

Die Theorie – gerade auch die im Alter – ähnelt dadurch dem Lachen; denn auch sie ist – wie das Lachen – eine Kapitulation von Merkbornierungen vor der Wirklichkeit, also der Sieg des So-ist-es über das So-hat-es-zu-sein. So ist auch das Alter – in dem die zukunftsgehorsamen Merkbornierungen kapitulieren – eine »Grenzreaktion« (Plessner), eine Art Aggregatzustand des Lachens. Denn auch das Alter ist als Verwandlung des Lebens in den Tod – wie nach Kant das Lachen –

die »Verwandlung einer gespannten Erwartung in nichts«. Lachen und Alter sind so Überschreitungen der Grenzen der offiziellen Welt, also eine Art Emigration; und die Fähigkeit zum Lachen hat – wie die Theoriefähigkeit, insbesondere auch die des Alters – justament darum zu tun mit Bildung: denn Bildung ist die Sicherung der Emigrationsfähigkeit. Wer nichts mehr will, gewinnt – kompensatorisch – die Fähigkeit, viel zu sehen. Man braucht sich der Sichträson der Lebens- und Handlungsnotwendigkeiten nicht mehr zu beugen, nicht mehr dem, was – in Zukunft noch zu erledigen ist. Theorie ist das, was man macht, wenn nichts mehr zu machen ist. Das Alter ist jener Lebensabschnitt, in dem – aus zunehmendem Mangel an Zukunft – immer weniger und schließlich gar nichts mehr zu machen ist. Darum gehört zum Alter die Theorie: Das Alter ist in besonderem Maße theoriefähig.

Ich bestreite nicht: Diese Theoriefähigkeit – die Illusionsresistenz – des Alters ist nicht ungefährdet. Die Gefahr kommt unter anderem in liebenswertester Gestalt: durch die Enkel. Die Alten wollen an der Zukunft junger Menschen teilnehmen und mit ihnen noch einmal alles vor sich haben. Deshalb kommt es so leicht zur generationsüberspringenden Kumpanei zwischen Großeltern und Enkeln zu Lasten des elterlichen Realitätsprinzips. Später bedanken sich die Enkel durch Nostalgiewellen bei den Großeltern für das, was deren Generationsrolle war: für die Verwöhnung der Enkel, die der Versuch ist, an ihrer Zukunft teilzunehmen. Um sie zu verwöhnen, stecken die Großeltern – entgegen dem ja wenigstens zuweilen vernünftigen Verbot der Eltern – den jungen Enkeln süße Bonbons und den älteren Enkeln süße Weltanschauungen zu, jenes heimlich, dieses unheimlich: Die Rolle der Revoltiergreise – etwa Herbert Marcuses – als Anfeuerer der Studentenbewegung war dafür nur ein Beispiel. Ein anderes Beispiel war der alte Carl Schmitt, der das Gespräch gerade mit den Jungen – damals auch mit mir – suchte, um bei ihnen und in ihrer Zukunft als der präsent zu sein, der er gern gewesen wäre. Das alles ist der Versuch, durch die Enkel – als Mitläufer ihrer Aufgeregtheiten – jene Zukunft zu haben, die man selber nicht mehr hat. Auch dieser altersspezifischen Variante der Bestechlichkeit durch die Zukunft muss man im Alter widerstehen, wenn gelten soll: Das Alter – als Lebensabschnitt der Zukunftsverminderung – ist in besonderem Maße theoriefähig.

Was kommt eigentlich, diese Frage muss gestellt werden, nachdem die Zukunft schwindet? Was kommt nach dem Verlust der Zukunft, die der Tod ist? Die Auferstehungsmythologie des Christentums – dem ich sonst anhänge – spricht allenthalben von Auferweckung und Erwachen. Ich aber schlafe gern. Meine Weltabwehr absolviere ich nicht durch philosophische Kritik, sondern durch Schlafen. Meine Leidenschaft – abgesehen vom Verfassen solcher Texte (denn strenggenommen habe ich im Leben ja nichts anderes gelernt) –, meine Leidenschaft ist das Schlafen in all seinen Formen: als Mitternachtsschlaf, als möglichst früher Abendschlaf, als lang dauernder Morgenschlaf und vor allem und ausgedehnt als Mittagsschlaf. Ich hoffe und vertraue auf einen Gott, der mich nach meinem Tode nicht auferweckt, sondern schlafen lässt. (Meine Frau ist für etwas mehr Auferstehung, und meistens setzt sie sich ja durch.)

Im Alter schrumpft die eigene Zukunft gegen Null. Dadurch können die Zukunftskonformismen ebenfalls gegen Null schrumpfen. So können die Rücksichten nicht allein beim Hinsehen, sondern auch beim Sagen *peu à peu* entfallen. Alte Menschen können unbekümmerter nicht nur merken, sondern auch reden. Zuweilen verfügen sie über eine solide Schandmaulkompetenz. Man braucht im Alter keinen Mut mehr, um in Fettnäpfchen zu treten, weil man nicht mehr genug Zukunft hat, um wiedergetreten werden zu können. Außerdem ist die Rede der Alten Rede auf Abruf: Sie – die alsbald vergessen sein wird – hat weniger das Gewicht letzter Worte, vielmehr die Gewichtslosigkeit von Hinterlassenschaften mit nur noch begrenzter Haltbarkeit. Im Alter kann man das ausnutzen: Man kann ungehemmt merken und reden und schreiben und dabei das eigene Taktbedürfnis einschläfern und dadurch zuweilen schamlos offen sein. Auch das radikalisiert die Theoriefähigkeit des Alters. Ich verlasse mich, je älter, umso mehr, auf das eigene Verschwinden und Verklingen und kann gerade dadurch ungehemmt sehen und sagen: So ist es. Meine Mitmenschen nämlich, denen ich das zumute, brauchen dafür jetzt keine kommunikativen Nehmerqualitäten mehr, sondern nur noch ein wenig Geduld; denn binnen kurzem sind sie mich los.

Anmerkungen

1 Vortrag am 19. Oktober 2006 im Rahmen der Herbsttagung der Deutschen Akademie für Sprache und Dichtung »Radikalität des Alters«.

2 Vgl. Odo Marquard, »Theoriefähigkeit des Alters«, in: O. M., *Philosophie des Stattdessen*, Stuttgart 2000, S. 135–139. [Reclams Universal-Bibliothek. 18049.]

Das Alter – mehr Ende als Ziel

Franz Josef Wetz im Gespräch
mit Odo Marquard

Zäsuren

Da das Alter in der westlichen Gesellschaft heute sehr viel länger dauert als früher, wird die Seniorenzeit gerne unterteilt in drei Abschnitte: erstens eine Phase, die mit dem Ruhestand beginnt und die agile Frührentner des gehobenen Mittelstands gerne mit Reisen, Bildung und Sport füllen; zweitens eine Phase des fortgeschrittenen Greisenalters, die bereits mit spürbaren körperlichen und geistigen Einschränkungen verbunden ist, und zuletzt eine Phase der erheblichen Altersschwäche, der verstärkten Hilfsbedürftigkeit. – Herr Marquard, wo stehen Sie? Gibt es Schlüsselerfahrungen, an denen Sie den Übergang bzw. Übergänge festmachen können?

Natürlich habe ich das erste Stadium des Alters mit meinen jetzt 85 Lebensjahren[1] längst überschritten und befinde mich mittlerweile im fortgeschrittenen Greisenalter. Genau genommen befinde ich mich inzwischen bereits an der Grenze zum dritten Stadium. Seit alters her wird dieser Lebensabschnitt, der höheren Hilfsbedürftigkeit wegen, mit Recht als zweite Kindheit bezeichnet. So kontinuierlich der Alterungsprozess auch verläuft, zweifellos gibt es Schwellenereignisse, die mich von einem Stadium zum nächsten gebracht haben – und diese Schwellen machen sich hauptsächlich körperlich bemerkbar. Die Zahl der chronischen Erkrankungen und Gebrechen nahm in den letzten 15 Jahren stetig zu. Mit jedem neuen Lebensjahr wächst gleichsam die Angriffsfläche. Da sind die vermehrten Einschläge nicht weiter verwunderlich. Der Körper als Fortbewegungsmittel funktioniert nur noch eingeschränkt. Das Gleiche gilt für mein Hör-, Seh- und Sprachvermögen, die ja die wichtigsten Werkzeuge eines Philosophen sind. Meine Sinne haben in hohem Maße ihre Aufnahmekraft verloren. Es gibt so viele trostlose Wahrheiten. Das Alter ist eine wacklige Geschichte, und mein hohes Alter bringt manches Hässliche, eben nicht mehr so viel Schönes.

Zu den Merkwürdigkeiten unserer Zeit gehört die Tatsache, dass wir zwar die Altersphase in verschiedene Abschnitte einteilen, dass wir aber nur noch zwei Lebensstufen kennen. In früheren Zeiten, als die Lebenserwartung noch deutlich geringer war als heute, kannte man bis zu zehn Lebensperioden. Die älteste Einteilung stammt von Solon, andere finden sich bei dem Kirchenvater Aurelius Augustinus, auch bei William Shakespeare: Säuglingszeit, Kindheit, Jugend, frühes und reifes Erwachsenendasein sowie Greisenalter. Oftmals wurde das Leben mit den vier Jahreszeiten verglichen oder mit einer aufsteigenden und absteigenden Treppe. Heute scheint man dagegen von der

Jugend direkt ins Alter überzuwechseln. Auf der einen Seite gibt es nur noch Junge und Junggebliebene, die mit allen Mitteln, auch solchen chemischer Art, das Alter hinauszuzögern versuchen, um ihre Genuss- und Arbeitsfähigkeit möglichst lange aufrechtzuerhalten. Auf der anderen Seite stehen die frühen und späten Alten. Wie sehen Sie diesen Jugendkult unserer Zeit? Immerhin sehnen sich die Menschen seit jeher nach dem mythischen Jungbrunnen, der sie lange fit, schön, liebes- und leistungsfähig halten möge. Wo liegen die Probleme einer solchen Zweiteilung des Lebens in Jung und Alt? Viele Menschen fühlen sich heute jünger, als sie tatsächlich sind. Warum ist das so? Fühlen Sie sich so alt, wie Sie sind?

Jugend ist keine Tugend und das Gerede von der ewigen Jugend blanker Unsinn. Je mehr man darauf vertraut, umso schwerer fällt es dann, mit sich selbst versöhnt das Leben zu akzeptieren, wenn man mit der Jugend nicht mehr mithalten kann. Aber wie Sie ja sagen: Die Sehnsucht nach dem Jungbrunnen gibt es seit Menschengedenken, so dass der Wunsch, möglichst lang jung zu bleiben, nichts spezifisch Modernes zu sein scheint. Heute gibt es infolge des hohen Wohlstands nur viel mehr Möglichkeiten hierzu. Hinter allem steht der verständliche Wunsch, lange gesund und vital zu bleiben. Viele fühlen sich vermutlich deshalb jünger, als sie tatsächlich sind, weil sie noch die Bilder vorheriger Generationen vor Augen haben, als die Menschen im gleichen Alter wirklich älter aussahen als wir Heutigen.

Betrachten Sie bloß Bilder von 60-Jährigen früher mit solchen von heute. Doch abgesehen davon: Ich weiß gar nicht, ob man sich so alt fühlen kann, wie man ist, denn Lebensjahre fühlt man ja nicht. Man kann sich traurig und freudig fühlen, müde und wach, aber 70- oder 80-jährig, das geht meines Erachtens nicht.

Es klingt paradox: Gerade die Überalterung der Gesellschaft und die Erhöhung der Lebenserwartung führen zu einem Jugendkult bis ins höhere Alter. Dieser Jugendkult wird von Konsum- und Freizeitindustrie, aber auch von Politik und Ökonomie gefördert. Denn der demographische Wandel, der globale Effizienzwettbewerb und die Innovationsbeschleunigung in Technik und Wirtschaft zwingen Politik und Wirtschaft geradezu, an die lebenslange Lernfähigkeit, Fitness und Berufstauglichkeit der Bürger zu glauben. Die aktuellen Herausforderungen lassen sich nur erfolgreich bestehen mit Bürgern, die ein Leben lang fit, jung und leistungsstark bleiben, stets offen für das Neue sind und sich jugendlich bis ins reife Alter fühlen. Die Frage ist nur, überfordern wir uns hierdurch nicht selbst?

In Ihrer Frage heben Sie einseitig die Schnelligkeit der modernen Welt hervor, vernachlässigen aber die vielfältigen Formen der Langsamkeit, die es uns ermöglichen, selbst mit der heutigen Schnelllebigkeit fertigzuwerden. Die traditionsneutrale Technik, Medizin und Wirtschaft sind das eine; die Künste, Traditionen, der aufs Bewahren und Erinnern fixierte historische Sinn, aber auch die Verklärungen der uns umgebenden Natur sind die andere Seite. Mit anderen Worten: Es gibt eine Reihe von Kompensationen des hohen Tempos in der Konsum- und Wirtschaftswelt. Selbst die Jugendkultur, in der eine ungeheure Geschwindigkeit vorherrscht, kennt den Urlaub vom Feiern – das Flanieren, Chillen, wie man wohl neudeutsch sagt. Daher bin ich nicht sicher, ob wir uns wirklich mit unserer heutigen Lebensweise überfordern, die bekanntlich zahlreiche Vorzüge besitzt, weil sich – wie nach einer Gesetzmäßigkeit – fast immer wieder Formen der Langsamkeit, Ruhe, Besinnung bilden.

Selbst wenn die Zweiteilung des Lebens problematisch ist, so hat doch kein Geringerer als Schopenhauer das Leben ähnlich unterteilt: »O glückliche Jugend, o trauriges Alter [...]. *Ist der Charakter der ersten Lebenshälfte unbefriedigte Sehnsucht nach Glück, so ist der der zweiten Besorgnis vor Unglück.* [...] *Wenn in meinen Jünglingsjahren es an meiner Tür schellte, wurde ich vergnügt: denn ich dachte, nun käme es. Aber in späteren Jahren hatte meine Empfindung bei demselben Anlass vielmehr etwas dem Schrecken Verwandtes: Ich dachte, da kommt's.« – Teilen Sie Schopenhauers Einschätzung, und wie macht sich bei Ihnen diese veränderte Erwartungshaltung, so es sie gibt, bemerkbar?*

Arthur Schopenhauer war ein kluger Philosoph, dessen pessimistische Lebenseinstellung sicherlich an manchen Stellen überzogen ist. Aber den von Ihnen zitierten Passagen kann ich völlig zustimmen. Im Alter bin ich nicht mehr sonderlich hoffnungsfroh und zukunftsoffen. Letzteres kann ich schon deshalb nicht mehr sein, weil ich keine größere Zukunft mehr habe. Es zeugt wohl von Altersklugheit, wenn man seine Erwartungen an seine kurze Zukunft anzupassen weiß.

Altersklage

Die Altersklage ist ein großes Thema der abendländischen Philosophiegeschichte. Seneca schreibt metaphorisch im 108. Brief an Lucius: »Das Alter ist eine unheilbare Krankheit, die tödlich endet.« Diese Formulierung, die den unumkehrbaren Verfallsprozess unseres Lebens ausdrückt, in dem die Gebrechen und die Abhängigkeit von anderen Menschen zunehmen, ist oft zitiert und variiert worden. In seiner Schrift Über das Alter *nennt Cicero vier Gründe, weshalb das Alter ein Unglück sein könnte. Er selbst versucht diese vier Gründe zu entkräften.*

- *Das Alter verdammt die Menschen zu Untätigkeit. Es schließt ein aktives Leben aus.*
- *Das Alter ist ein Übel, weil es den Körper übermäßig schwächt, die Krankheiten zunehmen, das Äußere an Attraktivität verliert.*
- *Das Alter beraubt uns Menschen aller sinnlichen Freuden.*
- *Das Alter ist ein Übel, weil der Tod naht.*

Was fällt Ihnen zu diesen vier Gründen ein?

Cicero hatte ein großes Interesse daran, diese vier Gründe der Altersbeschwerden zu entkräften. Dabei legte er seine Entgegnungen dem Älteren Cato in den Mund. Im Grunde genommen ging es Cicero darum, die gesellschaftliche Stellung älterer Männer als Kapitäne von Kultur und Politik zu sichern. Doch aus meiner heutigen Sicht treffen die vier aufgelisteten Gründe alle zu.

Hinzu kommen andere Verdrießlichkeiten – und ich möchte Sie fragen, wie Sie dazu stehen: Alter bedeutet – trotz Hirnjogging – auch geistiger Verfall, Gedächtnisschwund, Konzentrationsstörung, Aufmerksamkeitsdefizit.

Da haben Sie recht. Die Wissbegierde erlahmt im hohen Alter. Es kommt zu intellektuellem Appetitmangel.

Mit André Gide und Paul Léautaud gesprochen, bedeutet Alter auch ein Stück Selbstentfremdung, das heißt Widerspruch zwischen innerem Lebensgefühl und äußerer Erscheinung: Man fühlt sich jünger und anders als die Person, deren Körper man im Spiegel sieht.

Es mag eine Zeit in meinem Leben gegeben haben, zu der diese Einschätzung richtig war. Aber mittlerweile fühle ich mich nicht besser als das, was ich im Spiegel sehe, wobei ich aufgrund meiner geschwächten Sehfähigkeit ja ohnehin nicht mehr so genau hinschauen kann.

Mit dem italienischen Philosophen Norberto Bobbio formuliert, der schrieb: »Wer das Alter preist, hat ihm noch nicht ins Gesicht gesehen«, bedeutet zu altern: dass alles mühsamer, anstrengender, langsamer wird und die Müdigkeit wächst. Dies ist besonders spürbar in unserer schnelllebigen Zeit, in der die alten Menschen oftmals nicht mehr mit der allgemeinen Beschleunigung mithalten können.

Ich würde es noch etwas schärfer akzentuieren: Je älter man wird, umso feindseliger erscheint die Welt um einen herum in einem ganz konkreten Sinne: Treppen sind schwerer zu erklimmen, Straßen gefährlicher zu überqueren, Pakete mühseliger zu tragen, und es bereitet einem immer mehr Mühe, das Auto zu besteigen.

Theodor Fontane vermerkt, dass Abendeinladungen ihn im Alter geradezu erschrecken würden, selbst sogenannte Vergnüglichkeiten, und sein einziger Trost sei: »Um 9 Uhr ist alles aus, und dann kann ich in Ruhe zu Bett gehen.«

Es ist bekannt, dass Theodor Fontane wie viele Menschen ein ausgeprägtes Schlafbedürfnis im Alter entwickelte. Dies ist mir sehr sympathisch. Das trifft auch auf seine Einstellung zu gesellschaftlichen Ereignissen zu. Sicherlich bedeuten solche Einladungen, so sie interessant sind, Abwechslung und Unterhaltung. Aber es fällt immer schwerer, sich dazu aufzuraffen. Das Bedürfnis hiernach nimmt stetig ab. In diesem Zusammenhang fällt mir ein schönes Gedicht Wilhelm Buschs ein:

»Es ist halt schön,
Wenn wir die Freunde kommen sehn. –
Schön ist es ferner, wenn sie bleiben
Und sich mit uns die Zeit vertreiben. –
Doch wenn sie schließlich wieder gehn,
Ist's auch recht schön. –«

Selbst das freundlich Angenehme kann stören, falls es zu lange andauert.

Irgendwann bedeutet Alter auch Langeweile, Warten auf nichts, die immer gleichen Erinnerungen, ein Leben zu führen, als wäre es bereits vorüber, und damit zusammenhängend können leicht Schwermut und Missmut entstehen.

Warten auf nichts, vielleicht, aber eigentlich warte ich gar nicht, und Langeweile habe ich auch nicht. Dafür nimmt mich schon die Bewirtschaftung des Alltags zu sehr in Anspruch. Hinzu gesellen sich vielfältige Gedanken, die mich bewegen – und neuerdings die Beobachtung der Natur, bevorzugt das Leben der Vögel. Früher besaß ich nicht so ein starkes Interesse an der Natur im Unterschied etwa zu meinem Vater, der als promovierter Fischereibiologe ein intensives Verhältnis zur Natur hatte. Überhaupt kommt es ja nicht auf den massenhaften Konsum von Sehenswürdigkeiten an, sondern mit welchen Augen man das eine oder andere anschaut und davor verweilt. Die Schwermut, von der Sie reden, ist für mich nichts Altersspezifisches, sondern meine Grundbefindlichkeit. Meiner Auffassung nach gehört eine solche Grundbefindlichkeit zu einem Philosophen. In der Mitte des Lebens wird sie scheinbar verdeckt von der Arbeit an Vorlesungen, in Gremien, Tagungen und Familie. Im Alter tritt sie deutlicher zutage, wenn mehr Zeit zum Nachdenken verbleibt. Melancholie war für mich immer ein wesentlicher Antrieb zum Schaffen. Seit der Renaissance, etwa bei Francesco Petrarca und Marsilio Ficino, steht die Vorstellung in hohem Ansehen, dass Künstler und Philosophen gleichsam von Natur aus Melancholiker seien. Albrecht Dürer stellt in seinem berühmten Kupferstich *Melencolia I* die Schwermut als traurigen Engel mit hängenden Schultern dar, ganz in stillem Nachdenken versunken. Und fragte nicht schon Theophrast, Schwiegersohn von Aristoteles: »Warum sind alle hervorragenden Männer, ob Philosophen, Staatsmänner, Dichter oder Künstler, Melancholiker?« Jedoch geht es nicht ohne ein gewisses Maß an Humor und Selbstironie, welche die Last des Lebens erträglicher machen. Melancholie und Humor bilden keinen Gegensatz. Denn Ironie und Humor lassen zwar die Last leichter werden, sie befreien aber nicht davon. Man kann die Schwermut auf Heiterkeit ausrichten, aber man verliert sie hierdurch nicht.

Bedeutet denn Alter nicht auch Alleinsein? Je älter man wird, umso mehr Todesfälle liegen doch hinter ei-

nem. »Mein allzu langes Leben gleicht jenen römischen Straßen, die von Grabmälern gesäumt sind«, schrieb Chateaubriand. Mit der Zahl der schwarzumrandeten Briefe wächst die Einsamkeit.

Das mag in vielen Fällen so sein, wenn die Menschen alleine leben. Nun habe ich das Glück, noch eine Familie um mich herum zu haben, meine Frau, die Familie meines Sohnes – und auch ein paar Freunde. Davon abgesehen beneide ich geradezu die verstorbenen Freunde und Bekannten. Sie haben es hinter sich.

Je älter man wird, umso unsichtbarer oder durchsichtiger wird man. Früher wurde einem vielleicht hinterhergepfiffen. Jetzt gehen die Menschen gleichgültig an einem vorüber. Sie schauen gleichsam durch einen hindurch. Goethe bringt es auf den Punkt, wenn er das Altern als »stufenweises Zurücktreten aus der Erscheinung« beschreibt.

Das ist so. Eitelkeiten dieser Art habe auch ich durchaus.

Wenn man sich diese Verdrießlichkeiten des Alters vor Augen führt, dann fällt es einem nicht schwer, Aristoteles zu verstehen, der in der Rhetorik *schreibt, dass alte Männer oft bösartig, mürrisch, kleinlich seien, weil sie von der Welt ausgeschlossen blieben und keine Zukunft mehr hätten. Sie seien von niedriger Gesinnung, weil es sie kränke, nicht mehr dazuzugehören, und weil sie nur noch wenige Möglichkeiten hätten. In der Neuzeit ist es vor allem Molière, der in seinen Komödien beispielhaft den bösartigen, nörgeligen Alten darstellt. Wie sehen Sie das?*

Für Molière ist meine Frau, eine Romanistin, zuständig. Als bösartig und kleinlich würde ich mich nicht bezeichnen. Aber es stimmt schon: Die Gebrechen des Alters machen mich öfter mürrisch und nörgelig. Und meine Frau muss dies aushalten und damit fertig werden. Ich strapaziere bisweilen ihre Geduld und Nachsicht. Zweifellos sind Dulden und Schweigen noble Eigenschaften, aber wer erträgt schon alles immer lächelnd? Niemand steht ruhig über allem.

Alterslob

Der römische Schriftsteller Horaz schrieb: »Solange es kann, bewahre sich das Alter frei von Kummerfalten.« Ihr Lehrer Joachim Ritter schrieb einen Aufsatz über »Alter als Elend und Glück«. Worin besteht für Sie das Glück des Alters? Was ist das Schöne am Alter?

Notwendige Voraussetzungen für ein glückliches Alter sind sicherlich ein halbwegs intakter Körper und Geist. Aber hinzugesellen muss sich auch ein ausreichendes Einkommen, wie schon Platon vermerkte: »Selbst der anständig Denkende wird das Alter nicht eben leicht ertragen, wenn noch Armut dazukommt.« Da hat er bestimmt recht. Aber es sind inzwischen wesentliche Anstrengungen unternommen worden, die Altersarmut auch durch gesetzliche Regelungen zu bannen.

Wenn man nicht von senilem Ehrgeiz geplagt wird, dann kann das Alter eine Art große Ferien werden, sofern man noch halbwegs gesund, nicht verarmt und zu heiterer Gelassenheit fähig ist. Allerdings setzt das die tröstliche Erkenntnis voraus, dass es in der Welt da draußen nicht so viel zu gewinnen oder zu verlieren gibt. Die Beruhigung hierüber ermöglicht, vielleicht stärker als zuvor Freude an Kleinigkeiten zu haben. Welche sind das bei Ihnen?

Das von Ihnen eingangs genannte erste Stadium des Alters mag den Charakter großer Ferien haben. Auf das zweite Stadium trifft es schon nicht mehr zu und erst recht nicht auf das dritte. Freilich gibt es noch eine Reihe von Kleinigkeiten, die mir Freude bereiten. Von so elementaren Dingen wie Schlafen und Essen abgesehen, sind es die schon erwähnten Naturbeobachtungen. Vor allem aber erfreuen mich die Enkelkinder, die Familie. Diese soll ab und zu kommen, aber nicht zu oft.

In welchen Punkten kann man das Alter der Jugend oder dem Leben in der Mitte vorziehen? Bereits Theodor Fontane hatte Zweifel an der uneingeschränkten Vorzugswürdigkeit der Jugend. Er schrieb, vielleicht sei ja das Jugendleben schöner als das Etabliert- und Beruhigtsein. »Vielleicht, vielleicht auch nicht. Man schwankt darin wie in allem, und nur das bleibt: Das Leben ist eine sonderbare Geschichte.«

Sicherlich bietet das Jung- und Jüngersein klare Vorteile. Im Durchschnitt gibt es einfach weniger Gebrechen und Einschränkungen. Die Gesundheit ist normalerweise noch intakt, die Zukunft weitgehend offen. Hierdurch ist in jüngeren Lebensjahren auch die Bereitschaft zur Illusionsbildung größer. Aber das Etabliert- und Beruhigtsein, wie Theodor Fontane sagt, ist in der Tat auch ein großer Lebensgewinn. Wenn man das Greisenalter erreicht hat, kommt noch als weiterer Vorzug hinzu, sich nichts mehr beweisen zu müssen, ja sich unterbieten zu dürfen. Dies sorgt für mehr Gelassenheit. Man lernt über Fehler und Schwächen leichter hinwegzusehen, und wenn die Mängel nicht schwerer sind als das, was da ist, sogar großzügig darüber hinwegzusehen. Im Alter kann man die Dinge eher mal laufen lassen.

In hohem Alter ist man dem Tod besonders nahe, den man für gewöhnlich noch ein wenig aufschieben möchte, und sei es auch nur »um eine Stunde«, wie es in einer gleichnamigen Novelle von Arthur Schnitzler heißt. Ein finnisches Abendgebet schließt mit den Worten: »Herr, ich will dir gerne folgen, wenn du mich rufst, aber nicht in dieser Nacht.« Woody Allen drückt das so aus: »Ich habe nichts gegen das Sterben, ich möchte nur nicht gerne dabei sein, wenn es so weit ist.« Wie sehr hängen Sie am Leben?

Normalerweise hänge ich nicht so sehr am Leben. Wenn es vorüber ist, dann ist es gut so. Wenn wir schon den Tod über uns ergehen lassen müssen, dann soll auch wirklich Schluss sein.

Je älter man wird, umso mehr Möglichkeitsfenster schließen sich, und die Zeit, die einem verbleibt, wird knapp. Jung zu sein bedeutet, nicht alles sofort erledigen zu müssen. Im Alter muss bald getan werden, was noch getan werden soll. Es duldet keinen Aufschub. Was liegt Ihnen heute und in der Ihnen noch verfügbaren Lebenszeit besonders am Herzen? Was möchten Sie noch gerne unternehmen oder erleben?

Ich würde gerne noch ein paar Lebensabschnitte und Zäsuren meiner Enkel miterleben dürfen. Da ich es nun so weit im Alter geschafft habe, würde ich auch gerne das Erscheinen dieses Buches noch erleben sowie den 80. Geburtstag meiner Frau.[2]

Wie sonst im Leben ist im Alter die Zeit stets zu kurz oder zu lang, fliegen die Tage vorüber oder dehnen sich übermäßig. Wie verhält es sich damit bei Ihnen? Und wie erklären Sie sich das?

Ich wies bereits darauf hin, dass mir Langeweile überraschenderweise fremd ist. Obwohl ich alle Zeit der Welt habe, ist die Zeit mir doch zu kurz, weil alles sehr viel langsamer abläuft und die Wachzeiten im Vergleich mit den Schlafzeiten immer kürzer werden.

Eine Grundthese von Ihnen lautet, dass das Alter einen illusionsresistent und damit theoriefähig mache: Nun könne man endlich sehen, was ist. Eine vergleichbare Position vertritt bereits Schopenhauer, wenn er schreibt: »Nur wer alt wird, erhält eine vollständige und angemessene Vorstellung vom Leben, indem er es in seiner Ganzheit und seinem natürlichen Verlauf, nicht bloß wie die übrigen, von der Eingangspforte, sondern auch von der Ausgangsseite übersieht, wodurch er dann besonders die Nichtigkeit desselben vollkommen erkennt, das Nichtige und Leere aller Herrlichkeiten der Welt, zumal des Prunkes und Glanzes. Man hat erfahren, dass hinter den meisten erwünschten Dingen und ersehnten Genüssen gar wenig steckt, und ist so allmählich zu der Einsicht in die große Armut und Leere unseres ganzen Daseins gelangt. Erst im 70. Jahr versteht man ganz den ersten Vers des Kohelet: Alles ist eitel.« Teilen Sie Schopenhauers pessimistische Auffassung?

Ein gutes Zitat von Schopenhauer, in dem viel Wahres steckt, das schon Kohelet vor Jahrtausenden auf den Punkt brachte. Meine Grundthese, dass das Alter einen theoriefähig mache, ist zu positiv, optimistisch oder schöngelesen worden – nicht zuletzt auch von mir selbst. Inzwischen bin ich weitergegangen. Das Alter bildet zwar einen feinen Sinn für Tatsachen aus, aber den Dingen scharf ins Gesicht zu sehen kann auch schrecklich sein. Theoriefähigkeit bedeutet also nicht nur Erleichterung. Darin steckt auch die Erkenntnis, dass man die Belastungen des Alters bemerkt. Dies ist gewissermaßen die fortgeschrittene Theoriefähigkeit: nämlich zu sehen, dass das Alter schlimm sein kann, bzw. das Schlimme am Alter zu sehen.

Schopenhauer entlarvt in der zitierten Passage alles Streben nach Anerkennung, Ruhm und Berühmtheit als nicht so wichtig, ja geradezu als nichtig. Gerade im Alter soll man eine solche Erkenntnis leicht gewinnen können, wenn nicht seniler Ehrgeiz einen hiervon abhält. Fontane umschreibt den senilen Ehrgeiz mit den Worten: »Einen unsagbar traurigen Eindruck machen die Streber auf mich und nun gar die, die erst ruhig sterben, weil sie auf dem Totenbett noch Orden empfingen. Wie klein, wie armselig.« Nun sind Sie, Herr Marquard, ein verhältnismäßig bekannter, vielzitierter Philosoph mit einer gewissen öffentlichen Präsenz. Müssen Sie nicht schon aus diesem Grund Schopenhauer und Fontane widersprechen – oder sind Sie heute an einem Punkt, wo Sie ihnen vorbehaltlos zustimmen würden?

Die Endlichkeit rückt alles zurecht. Es macht demütig, die persönlichen Entbehrungen und die eigene Entbehrlichkeit spüren zu müssen. Wohl denen, die es genießen können, fast von niemandem mehr beachtet, verehrt und begehrt zu werden, weil sie jetzt endlich ungestört leben können, wenn es ihre Lebensumstände noch erlauben. Trotzdem würde ich mir etwas vormachen und allen anderen auch, wenn ich den von Ihnen so genannten senilen Ehrgeiz gänzlich leugnen wollte. Es gibt ihn auch bei mir in nicht ganz geringem Maße, und die Sorge ist groß, dass das eigene Werk völlig vergessen werden könnte.

Worauf kommt es Ihrer Auffassung nach im Leben hauptsächlich an?

Es gibt vielfältige Möglichkeiten gerade in unserer bürgerlichen Wohlstandsdemokratie. Jeder Lebensabschnitt birgt eine Pluralität von Möglichkeiten. Die Kunst des Lebens liegt darin, die eigenen für sich zu entdecken und sie mit Maßen zu nutzen. Also: mal so, mal so. Entscheidend kommt es auf die Gemeinsamkeiten mit Traute, meiner Frau an. Ich bin für Treue, meine Frau auch. Außerdem Felix, Friedericke, Franziska, Florian, Frederik. Mir wird, wie gesagt, im Alter auch die Familie ziemlich wichtig.

Wie gesagt, Sie vertreten die These, dass das Alter einen illusionsresistent und theoriefähig mache, so dass endlich die Dinge so gesehen werden könnten, wie sie seien. Aber widerspricht dem nicht, dass der gealterte Körper häufig dazu verurteilt ist, sich immer mehr aus der Welt zurückzuziehen, die ihm dadurch zunehmend fremder wird? Der alternde Mensch wird nach und nach weltlos, schreibt Jean Améry, weil er gezwungen ist, sich verstärkt auf seinen Körper zu konzentrieren.

Damit übereinstimmend stellen auch der alte Hans Jonas und Norberto Bobbio fest, dass sie Fremde in der eigenen Gesellschaft geworden seien, mit deren Entwicklungen sie nicht mehr mithalten könnten. Sie verstünden viele Neuerungen ihrer Zeit nicht mehr – die Technik, Musik und Mode beispielsweise. Das mache es ihnen unmöglich, angemessen zu erkennen, was wirklich los sei.

In der Frage nach den aktuellen Trends stimme ich freilich Améry, Jonas und Bobbio zu. Aber aufs große Ganze gesehen bleiben die Hauptsachen des Lebens doch immer gleich: Alles Menschliche ist endlich. Theoriefähig zu sein heißt demzufolge auch, die Endlichkeit in allen Lebensbelangen zu sehen und die eigene Lebensführung daran auszurichten. Hierzu gehören nicht nur Bescheidenheit und Maßhalten, sondern auch eine gewisse Sorge um den Bestand bewährter bürgerlicher Traditionen, mit denen nicht voreilig gebrochen werden sollte.

Was immer die Alten wissen, ihre Kenntnisse von Arbeitsprozessen, ihr technisches Wissen und ihre Lebensvorstellungen oder Wertesysteme scheinen für die jeweilige Gegenwart immer weniger Bedeutung zu haben, weil die Entwicklung mit großem Tempo voranschreitet. Stimmt diese These? Oder was ist aus Ihrer Sicht falsch an dieser Vermutung?

Die erste Hälfte Ihrer Vermutung ist wohl richtig. In Fragen der Technik und Arbeitsprozesse sind wir Alten bestimmt nicht die Experten. Aber in Fragen der Lebensvorstellungen und Wertesysteme können auch ältere Philosophen mit ihrer Abgeklärtheit und Erfahrenheit eine Reihe kluger Gedanken beitragen. In diesem Punkt haben Platon, Aristoteles, Cicero und viele andere danach recht, wenn sie älteren Menschen noch eine gewisse Kompetenz zutrauen.

Das Sterben ist eine Erfahrung, aus der man nichts mehr für das eigene Leben lernen kann, weil es dafür schon zu spät ist. Deshalb ist es ratsam, sich die eigene Sterblichkeit bereits zu Lebzeiten so zu verdeutlichen, dass ihre Vergegenwärtigung auch Konsequenzen für die persönliche Lebensführung haben kann. Viele Gelehrte der jüngeren Vergangenheit, ob Leo Tolstoi, Søren Kierkegaard, Georg Simmel oder Martin Heidegger, können dem Bewusstsein der eigenen Vergänglichkeit einen existentiellen Mehrwert entlocken – wie etwa künftig bewusster zu leben, mehr nachzudenken über das, was einem wertvoll und wichtig ist. Wie hat das Bewusstsein der eigenen Vergänglichkeit Ihre persönliche Lebenseinstellung in den vergangenen Jahrzehnten beeinflusst?

Das Bewusstsein der eigenen Sterblichkeit soll den Einzelnen wach machen können für das Leben. Das Bewusstsein der Einmaligkeit des Lebens, das sich nie mehr wiederholen lässt, soll Entschlusskraft wecken, sein Dasein zielstrebig anzupacken. Wenn die Tage gezählt sind, zählt eben jeder Tag. So weit so gut. Bezogen auf die Lebensstadien möchte ich allerdings zu bedenken geben, dass hier gewissermaßen die Jugend zum Gesichtspunkt des Alters gemacht wird. Ein Aspekt des Jugendkults, nämlich jeden Tag in unverbrauchter Intensität erleben zu wollen, wird hier in das Alter mitgenommen. Statt des wirklichen Todes werden vorsichtshalber Lebensfinalitäten zentralisiert (auch philosophisch), statt des tatsächlich ernsten Todes der Nicht-Tod in den Mittelpunkt gerückt, statt der Himmelfahrt werden Dampferfahrten organisiert. Meines Erachtens sollte man dies nicht tun. Nicht nur, dass sich die Alten dadurch lächerlich machen, sie überfordern sich auch. Man sollte die Jugend nicht verabsolutieren, sondern stattdessen vielmehr realisieren, dass bald Schluss ist. Man muss akzeptieren, dass man am Ende ist, wo es keine Ziele mehr gibt.

Abschied, Sterben, Tod

Wie setzen Sie sich als hochbetagter Philosoph mit dem Sterben auseinander? Haben Sie Angst vor dem Sterben?

Irgendwann zu sterben heißt, niemals zu sterben. Die Ungewissheit der Todesstunde wiegt uns in dieser Illusion. Deshalb sind wohl die meisten überrascht, wenn sie dann wirklich drankommen. Damit gerechnet hatten sie nicht mehr. Obwohl ich nicht so sehr am Leben hänge und als Philosoph schon aus beruflichen Gründen viel über Sterben und Tod nachgedacht habe, hoffe ich noch auf ein wenig Aufschub – eine Galgenfrist: jetzt noch nicht. Ja, ich habe Angst vor dem Sterben, weil das ausgesprochen unangenehm werden könnte.

Auf der einen Seite wünschen sich viele Menschen, am Ende ihres Lebens sich noch von ihren Lieben verabschieden zu können, deren fürsorglichen Beistand sie spüren möchten. Auf der anderen Seite wünschen sich wohl die allermeisten, im Schlaf vom Tod überrascht zu werden, denn so müssen sie bei ihrem eigenen Sterben nicht selbst dabei sein. Wie kann man diesen Widerspruch erklären?

Da das Sterben unangenehm werden könnte, lege auch ich nicht so großen Wert darauf, unbedingt dabei zu sein. Zugleich beruhigt etwas die Vorstellung, dass die nächsten Menschen mich hierbei begleiten, vorausgesetzt, dass es sich so ergibt. Wie weit ich mich dann auch noch von ihnen und womöglich sogar von mir selbst verabschieden möchte, wenn die Möglichkeit hierfür gegeben wäre, weiß ich nicht.

Können Sie sich eine Situation vorstellen, in der Sie zu sich selbst sagen würden, jetzt möchte ich nicht mehr?

Selbstverständlich.

Eines ist das Sterben, ein anderes der Tod. Haben Sie Angst vor dem Tod?

Nein.

Simone de Beauvoir schreibt: »Man stirbt nicht daran, dass man geboren worden ist, dass man gelebt hat und auch nicht am Alter. Man stirbt an etwas. […] Einen natürlichen Tod gibt es nicht. […] Alle Menschen sind zwar sterblich, aber für jeden Menschen ist sein Tod ein Unfall, und selbst, wenn er sich seiner bewusst ist und sich mit ihm abfindet, ein unverschuldeter Gewaltakt.« Ähnliches kann man bei Hans Blumenberg lesen, den Sie ja sehr schätzen: »Niemand lässt sich darüber trösten, dass er sterben muss. Alle Argumente sind schlecht bis lächerlich, die dafür Trost- und Tröstungsfähigkeit unterstellen.« Wie sehen Sie das?

Genau so. Ich stimme Simone de Beauvoir und Hans Blumenberg sogar uneingeschränkt zu.

Wie halten Sie es mit der Religion? Hat der Trost der Religion einen Sitz in Ihrem Leben?

Die Antwort hierauf liegt schon teilweise in der Antwort auf die vorherige Frage. Ich nehme die christliche Religion ernst, und vermutlich ist der religiöse Zuspruch der einzige Trost, den es gibt. Dies zu glauben, liegt für mich nahe, weil meine Frau – eine Pfarrerstochter – praktizierende Christin ist, die zudem im

Kirchenchor singt. Vom Elternhaus her habe ich hingegen nur wenig Glaubenspraxis erfahren. Auch in der Schülerschaft meines Lehrers Joachim Ritter gehörte ich bei den gläubigen Kommilitonen wie Karlfried Gründer und Robert Spaemann zu den Außenseitern. Mittlerweile habe ich ziemliche Schwierigkeiten mit der christlichen Glaubenslehre. Am meisten Kopfzerbrechen bereitet mir die Theodizee. Ich habe nichts gegen Religion und Kirche. Ich mache nur nicht sonderlich viel mit. Ihre Botschaften trösten mich nicht. Deren Verheißungen bieten mir zu wenig Trost. Ein kleiner Ersatz für den religiösen Trost ist für mich der Schlaf. Vieles kann man ertragen, wenn man genug Schlaf hat. Aber Schlafen allein genügt nicht. Doch ist deshalb der religiöse Trost noch nicht überzeugend für mich. Mein Problem ist auch – wie das von Søren Kierkegaard – »zu dichten anstatt zu sein«. Im Grunde genommen bin ich zu faul für religiösen Trost. Daran liegt mir. Mein Leben wird ein Fragment bleiben. Es wird weder im Diesseits noch im Jenseits vollendet. Es ist überhaupt nicht Vollendung, sondern einfach nur bald am Ende, aber nicht am Ziel!

Anmerkungen

1 Die erste Ausgabe dieses Bandes erschien im Jahre 2013 – anlässlich des 85. Geburtstages Odo Marquards.

2 Odo Marquard erlebte vor seinem Tod im Jahre 2015 beide Ereignisse: das Erscheinen der Erstausgabe dieses Bandes im Februar 2013 sowie den 80. Geburtstag seiner Frau, der Romanistin Edeltraut Luise Marquard geb. Wlosok (1934–2020), im September 2014. Ebenfalls 2014 verstarb deren gemeinsamer Sohn, der Onkologe Dr. med Felix Marquard, bei einem Unfall.

Anhang

Zu dieser Ausgabe

Der Titel *Endlichkeitsphilosophisches* erschien zum ersten Mal 2013 als Taschenbuch. Für die vorliegende Ausgabe wurden Einleitung, biographische Notiz und Veröffentlichungen vom Herausgeber aktualisiert. Die Rechtschreibung in den von Odo Marquard verfassten Kapiteln wurde behutsam modernisiert.

Biographische Notiz

Odo Marquard, geboren am 26. Februar 1928 in Stolp (Pommern)

1934–45	Schulbesuch in Kolberg (Pommern), Sonthofen (Allgäu), Falkenburg (Pommern) und als Luftwaffenhelfer bei Bremen
1945	Volkssturm, Kriegsgefangenschaft, dann in Norderney
1946	Abitur in Treysa (Hessen)
1947–54	Studium der Philosophie, Germanistik, evangelischen Theologie und katholischen Fundamentaltheologie sowie kunstgeschichtliche und historische Studien in Münster (Westfalen) und Freiburg i. Br.
1954	Promotion zum Dr. phil. in Freiburg i. Br. (bei Max Müller)
1955–63	Wissenschaftlicher Assistent am Philosophischen Seminar der Universität Münster (bei Joachim Ritter)
1963	Habilitation und Privatdozent für Philosophie in Münster
Ab 1965	Ordentlicher Professor für Philosophie an der Justus-Liebig-Universität Gießen
1982/83	Fellow am Wissenschaftskolleg zu Berlin
1985–87	Präsident der Allgemeinen Gesellschaft für Philosophie in Deutschland
1993	Emeritierung

1994 Dr. phil. h. c. der Universität Jena
Ab 1995 Ordentliches Mitglied der Deutschen Akademie für Sprache und Dichtung

Gestorben am 9. Mai 2015 in Celle

Sigmund-Freud-Preis für wissenschaftliche Prosa (1984); Erwin-Stein-Preis (1992); Ernst-Robert-Curtius-Preis für Essayistik (1996); Hessischer Kulturpreis für Wissenschaft (1997); Cicero Rednerpreis für Wissenschaft (1998). – Hessischer Verdienstorden (1990); Bundesverdienstkreuz 1. Klasse (1995); Großes Verdienstkreuz des Verdienstordens der Bundesrepublik Deutschland (2008).

Veröffentlichungen

Bücher

Skeptische Methode im Blick auf Kant. Freiburg i. Br. / München: Alber, 1958. ^{3}1982.

Schwierigkeiten mit der Geschichtsphilosophie. Frankfurt a. M.: Suhrkamp, 1973. ^{4}1997. (stw 394.) – Franz. Ausg. 2002.

Abschied vom Prinzipiellen. Philosophische Studien. Stuttgart: Reclam, 1981 [u. ö.]. (Universal-Bibliothek. 7724.) – Engl. Ausg. 1990. Poln. Ausg. 1994. Span. Ausg. 2000.

Apologie des Zufälligen. Philosophische Studien. Stuttgart: Reclam, 1986 [u. ö.]. (Universal-Bibliothek. 8351.) – Engl. Ausg. 1991. Ital. Ausg. 1991. Poln. Ausg. 1994. Span. Ausg. 2000.

Transzendentaler Idealismus, romantische Naturphilosophie, Psychoanalyse. Köln: Dinter, 1987. ^{2}1988.

Aesthetica und Anaesthetica. Philosophische Überlegungen. Paderborn: Schöningh, 1989. ^{2}1994. München: Fink, 2003. – Ital. Ausg. 1994.

Skepsis und Zustimmung. Philosophische Studien. Stuttgart: Reclam, 1994 [u. ö.]. (Universal-Bibliothek. 9334.)

Glück im Unglück. Philosophische Überlegungen. München: Fink, 1995. ^{2}1996. – Poln. Ausg. 2001. Span. Ausg. 2006.

Philosophie des Stattdessen. Studien. Stuttgart: Reclam, 2000 [u. ö.]. (Universal-Bibliothek. 18049.) – Span. Ausg. 2001.

Individuum und Gewaltenteilung. Philosophische Studien. Stuttgart: Reclam, 2004. (Universal-Bibliothek. 18306.)

Skepsis in der Moderne. Philosophische Studien. Stuttgart: Reclam, 2007. (Universal-Bibliothek. 18524.)

Der Einzelne. Vorlesungen zur Existenzphilosophie. Stuttgart: Reclam, 2013. (Universal-Bibliothek 19086.)

Zukunft braucht Herkunft. Philosophische Essays. Stuttgart: Reclam, 2020.

Herausgeber/Mitherausgeber

Historisches Wörterbuch der Philosophie. Hrsg. von Joachim Ritter, Karlfried Gründer und Gottfried Gabriel in Verb. mit [...] Odo Marquard [...]. 13 Bde. [12 Text-Bde., 1 Reg.-Bd.]. Basel/Stuttgart: Schwabe, 1971–2007.

Identität. (Zus. mit Karlheinz Stierle.) München: Fink, 1979. ²1996. (Poetik und Hermeneutik. 8.)

Plessner, Helmuth: Gesammelte Schriften. (Zus. mit Günter Dux und Elisabeth Ströker.) 10 Bde. Frankfurt a. M.: Suhrkamp, 1980–1985. 2003 (stw 1624–33).

Anfang und Ende des menschlichen Lebens. Medizinethische Probleme. (Zus. mit Hansjürgen Staudinger.) München/Paderborn: Fink/Schöningh, 1987. (Ethik der Wissenschaften. 4.)

Ethische Probleme des ärztlichen Alltags. (Zus. mit

Eduard Seidler und Hansjürgen Staudinger.) München/Paderborn: Fink/Schöningh, 1988. (Ethik der Wissenschaften. 7.)

Medizinische Ethik und soziale Verantwortung. (Zus. mit Eduard Seidler und Hansjürgen Staudinger.) München/Paderborn: Fink/Schöningh, 1989. (Ethik der Wissenschaften. 8.)

Einheit und Vielheit. XIV. Deutscher Kongreß für Philosophie, Gießen, 21.–26. September 1987. (Unter Mitw. von Peter Probst und Franz Josef Wetz.) Hamburg: Meiner, 1990.

Möglichkeiten und Grenzen medizinischer Forschung und Behandlung. (Zus. mit Stefan M. Manth.) Berlin/Wien: Blackwell, 1996. (Ex Libris »Roche«. 4.)

Kontingenz. (Zus. mit Gerhart von Graevenitz.) München: Fink, 1998. (Poetik und Hermeneutik. 17.)